El Camino hacia el Árbol de la Vida

La clave de acceso al fruto de la inmortalidad

Leo Kabal

Editorial ⊙ Creación

Temática: Espiritualidad, Ocultismo

© Leo Kabal
© Editorial Creación
   Jaime Marquet, 9
   28200 - San Lorenzo de El Escorial (Madrid)
   Tel.: 91 890 47 33
   http://www.editorialcreacion.es
   http://editorialcreacion.blogspot.com
   https://www.facebook.com/EditorialCreacion
   https://twitter.com/EdCreacion
   http://www.youtube.com/user/editorialCreacion

Primera edición: marzo de 2018

ISBN: 978-84-15676-75-1

Depósito Legal: M-4205-2018

Maquetación: Mejiel

Printed in Spain

www.editorialcreacion.es

Contenido

Capítulo 1

El Paraíso 7

El drama humano 15

    La Caída.. 16

Los dos árboles del Paraíso 36

Capítulo 2

El camino de vuelta.. 45

    Involución y Evolución 45

    La clave de acceso.. 50

    Iniciación para todos 59

Capítulo 3

Guía del peregrino.. 65

    El Sermón del Monte: un anticipo del cambio de
    nuestra personalidad 71

    Pasos para alcanzar la Iniciación......................... 87

Capítulo 4

El Árbol de la Vida y la Iniciación en los Cuentos de
    Hadas.. 147

Glosario... 161

Capítulo 1

El Paraíso

No hay Paraíso hasta que se ha perdido

Marcel Proust

El ser humano recuerda en lo más profundo de su ser un tiempo en el que era feliz, viviendo con los dioses en una especie de Paraíso eterno, donde el mal, la muerte y la enfermedad brillaban por su ausencia. Allí habitaba en compañía de sus hermanos, hombres y animales, en perfecta armonía: jugaba y se divertía con la inocencia de un niño, sin pensar en los problemas que ahora le agobian a diario. Pero este recuerdo se ha ido diluyendo con el paso de los siglos y ahora ya ni siquiera lo recordamos con nitidez, sino con mucho esfuerzo, y solo cuando nuestra alma nos regala ese momento en el cual intuimos que hemos vivido allí, que nuestro cuerpo no se compone solo de materia, sino de algo más, algo eterno; y que lo físico y el olvido son solo velos de nuestro tiempo; velos que, no obstante, desaparecerán cuando dejen de ser necesarios para nuestra evolución.

A medida que nos vamos yendo hacia atrás en el pasado, el recuerdo de ese tiempo se va haciendo cada vez más nítido. Los textos que dan testimonio de aquella estancia con los dioses se muestran claros y sin titubeos, los que la describen saben a ciencia cierta que lo que están narrando no forma parte de una fantasía ni de un sueño, sino de un recuerdo real, un recuerdo que no deja lugar para la duda.

En la mitología griega, a este tiempo de paz, belleza y armonía se le llama la Edad de Oro:

«De oro fue la primera raza de hombres perecederos creada por los Inmortales, moradores de las mansiones olímpicas.

Existían en tiempo de Crono, cuando este reinaba en el cielo. Igual que dioses, vivían con el corazón libre de cuidados, lejos y a salvo de penas y aflicción. La mísera vejez no les oprimía, sino que, pies y manos siempre inalterables, se gozaban en festines, exentos de todos los males. Morían como vencidos del sueño. Bienes de toda índole estaban a su alcance: la fecunda tierra, por sí sola, producía rica y copiosa cosecha: ellos, contentos y tranquilos, vivían de sus campos entre bienes sin tasa. Una vez que la Tierra cubrió esta raza, desde entonces ellos son, por voluntad de Zeus supremo, los Genios buenos, terrestres, guardianes de los mortales hombres, los que vigilan sentencias y perversos actos, y vestidos de bruma se extienden por toda la Tierra —distribuidores de riqueza: tal es la dignidad real que recibieron»—.

Los trabajos y los días (Hesiodo)

También Platón recuerda esta Edad de Oro en un diálogo político:

«... *No había en absoluto constitución, ni posesión de mujeres ni de niños, porque desde el seno de la Tierra es de donde todos remontan a la vida, sin guardar ningún recuerdo de sus existencias anteriores. En lugar de esto, poseían en profusión los frutos de los árboles y de toda una vegetación generosa, y los recogían sin necesidad de cultivarlos en una tierra que se los ofrecía por sí misma. Vivían frecuentemente al aire libre, sin camas ni vestidos, ya que las estaciones eran de un clima tan agradable que no les ocasionaban molestias, y sus lechos eran nobles entre la hierba que crecía en abundancia*».

Entre los griegos, además, se recordaba el mítico Jardín de las Hespérides o Huerto de Hera, donde, según cuenta la leyenda, los árboles daban manzanas doradas que proporcionaban la inmortalidad. Las Hespérides eran tres hermosas mujeres a las que se les había encomendado la tarea de cuidar de la arboleda, pero ocasionalmente recolectaban la fruta para sí mismas. La diosa Hera no confiaba en ellas y, por eso, también dejó en el jardín a una hermosa serpiente (en griego *drákon*) como custodio añadido.

Los budistas nos hablan de un paraíso perdido, al que llaman el reino de Shambala, la fuente de la sabiduría eterna. Allí vivían seres inmortales en perfecta armonía con la Naturaleza y el Universo. Según el hinduismo y el budismo, este paraíso existe en la actualidad, escondido a los ojos de los mortales que aún no han alcanzado la iluminación. Aunque se trata de una ciudad etérica, no obstante, se la suele ubicar en algún lugar del Desierto de Gobi.

H.P. Blavatsky, ocultista fundadora de la teosofía, fue la que popularizó el nombre de esta ciudad en Occidente, diciendo que en ella vivían los Maestros espirituales que trabajan por el bien de la Humanidad, guiándola y protegiéndola.

Pero nadie puede encontrarla si no ha reunido los méritos suficientes como para poder entrar en ella. Es decir, solo los que han transformado sus naturalezas a través de diversas pruebas y se han convertido en seres espirituales perfectos podrán encontrar y entrar en Shambala. Aún así, muchos seres humanos han intentado ir en su búsqueda y han querido encontrarla en un lugar físico más allá de las montañas nevadas de la cordillera del Himalaya, pero ninguno de ellos, hasta donde sabemos, la ha encontrado.

También, en algún lugar de las Islas Británicas, de ubicación no especificada, se encuentra la ciudad de Avalón. Parece ser que esta ciudad solo se muestra a quien ella quiere, permaneciendo oculta para el resto de los mortales entre una especie de niebla. Allí, según cuenta la leyenda, fue llevado el rey Arturo con su mítica espada Excálibur para ser curado de sus heridas tras la última batalla en Camlann.

El Jardín de las Hespérides. Frederic Leighton.

El Paraíso Terrenal. Peter Wenzel.

Refieren las crónicas que Avalón era un paraíso, una ciudad eterna donde la gente no envejecía y donde no se necesitaba el trabajo para conseguir los frutos terrenales, pues ella los daba con generosidad.

Todas estas leyendas, y muchas más, nos hablan de una ciudad eterna, que en cierta manera nos recuerdan al Paraíso Terrenal descrito por el vidente del Génesis bíblico:

> *«Y Jehová Dios plantó un huerto en Edén, al oriente; y puso allí al hombre que había formado.*
>
> *Y Jehová Dios hizo nacer de la tierra todo árbol delicioso a la vista, y bueno para comer; también el árbol de vida en medio del huerto, y el árbol de la ciencia del bien y del mal».*

Génesis 2: 8, 9

Los rosacruces identifican este Paraíso Terrenal con un *Mundo Etérico*, un lugar donde la Humanidad vivió antes de que los cuerpos físicos llegaran a su plenitud. Allí fue donde se produjo el gran drama cósmico de la caída del hombre y su expulsión. Pero el hombre, es decir, su espíritu, no nació allí la primera vez, sino que provenía de un largo camino evolutivo de millones y millones de años, que dividen en Periodos Cósmicos de distinta duración, a los que llaman: Periodo de Saturno, Periodo Solar, Periodo Lunar y Periodo Terrestre, en este último es donde se produjo la Caída Terrenal y en el que actualmente nos encontramos. Por delante de nosotros, todavía quedan los Periodos de Júpiter, Venus y Vulcano.

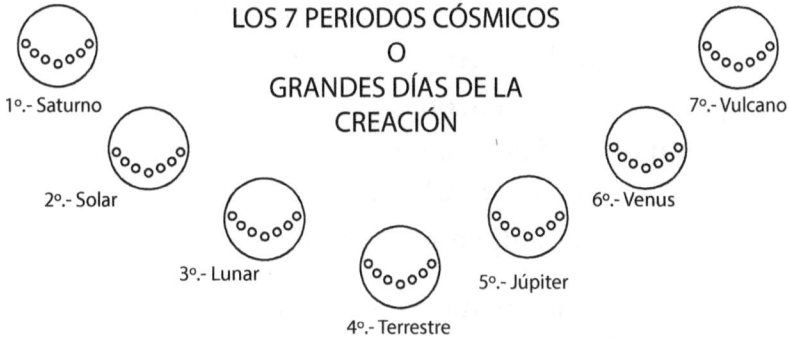

LOS 7 PERIODOS CÓSMICOS
O
GRANDES DÍAS DE LA
CREACIÓN

1º.- Saturno

2º.- Solar

3º.- Lunar

4º.- Terrestre

5º.- Júpiter

6º.- Venus

7º.- Vulcano

Pero este Mundo Etérico no se parecía en nada al mundo actual terrestre (denso y sólido), sino que era mucho más sutil y, para los ojos actuales, casi invisible del todo, mucho más parecido a la niebla, como se describe a la ciudad de Avalón, que a las formas físicas de hoy. Es decir, la densificación de los cuerpos se ha ido desarrollando gradualmente, a través de millones de años, hasta llegar a lo que conocemos hoy.

Los distintos periodos cósmicos son como reencarnaciones, por decirlo de algún modo, del Ser Supremo, donde la Humanidad y todos los seres espirituales evolucionan. La creación del hombre tuvo lugar en el primer periodo o Periodo de Saturno. Allí las Jerarquías espirituales que nos preceden en la evolución, prestaron su esencia para que esta tuviera lugar. Algo parecido a lo que ocurre con el propio hombre, que presta su esencia para que una nueva vida pueda nacer.

13

A partir de ahí, el ser humano fue evolucionando poco a poco con ayuda de las Jerarquías Angélicas. En el Periodo de Saturno, se le implantó el cuerpo físico; en el Periodo Solar, el cuerpo etérico; en el Periodo Lunar, el cuerpo de deseos, y en el Periodo Terrestre, en el que todavía nos encontramos, le fue implantado el cuerpo mental. Aquí, en este Periodo, ocurrió también lo que se conoce como la Caída y la Redención, que desarrollaremos ampliamente en capítulos posteriores.

Como hemos podido comprobar, todos estos paraísos descritos por los sabios de la antigüedad tienen algo en común: el hombre, cuando vivía en él, era inocente, incapaz de hacer el mal y vivía en perfecta armonía con sus semejantes. Todo le era dado con generosidad y no tenía necesidad de trabajar para conseguir el fruto de la tierra. Solo cuando conoce el bien y el mal, según el Génesis, es cuando ya no puede seguir viviendo allí y es expulsado.

Es el mismo Génesis el que nos da una posible explicación de la expulsión de un lugar tan maravilloso. La salida dramática del Paraíso bíblico tiene lugar debido a dos extraños árboles que Jehová Dios había plantado allí: el Árbol de la Ciencia del Bien y del Mal y el Árbol de la Vida, que eran diferentes del resto. También un animal de entre todos los que había: la serpiente, seduce a Adán y Eva para que no sigan las consignas dadas por su progenitor, que les había prohibido comer de uno de ellos.

Para volver a entrar, necesitan conocer a fondo el bien y el mal, purgar sus actos malvados a través de una purificación, que explicaremos más adelante, y decantarse por el bien. De lo contrario, tienen el acceso denegado.

El drama humano

Por propia experiencia sabemos que, cuando nos hayamos en un estado de felicidad, en una especie de paraíso, salir de él nos resulta penoso y dramático. Los ejemplos los tenemos a diario: volver al trabajo después de un fin de semana agradable, volver a la vida cotidiana después de unas hermosas vacaciones, vivir un desamor después de un estado de amor y felicidad... Si un pequeño espacio de felicidad nos produce tales sentimientos, imaginemos lo que tuvo que causar en nosotros la salida del Edén. Así que no es de extrañar que el drama de la expulsión haya quedado grabado a hierro y fuego en nuestra alma, aunque ahora ya no nos acordemos. No de forma nítida, pero, como hemos dicho anteriormente, sí de forma nebulosa. Por eso lo buscamos en nuestra vida cotidiana a través de distintos medios o placeres, tales como los objetos o bienes materiales, el bienestar, el sexo, la droga... (todos ellos proporcionan llaves falsas que abren estados de conciencia para los que no estamos preparados). De una u otra manera, queremos volver a él. Necesitamos encontrar el camino de vuelta, pero nos hemos perdido completamente en el transcurrir de los siglos, nos hemos apartado de él y, probablemente, aunque lo encontremos, en un tramo del camino se nos cerrará el paso, nos saldrán al encuentro, mediante símbolos distintos, los querubines y la espada encendida revolviéndose a todos lados. Y, desanimados, daremos la vuelta preguntándonos por qué Dios no nos deja entrar, qué es lo que hemos hecho para no merecer vivir en él.

Pero quizá ignoramos que igual que nos ha denegado la entrada, nos ha entregado la llave verdadera para acceder, aunque antes hemos de recorrer un largo camino a través del conocimiento y la experiencia, que conlleva vivir en varios cuerpos, y comprender muy bien este drama humano con todos sus pormenores.

La Caída

Las Jerarquías Creadoras han empleado mucho tiempo en la creación del ser humano. Solo hay que echar un vistazo a las obras de Blavatski, Max Heindel o Rudolf Steiner[1] para comprender la complejidad de la Creación y su gradual perfeccionamiento a través de diferentes periodos cósmicos. Además, al contemplar la maravilla y perfección de cualquiera de los miembros de nuestro cuerpo, nos damos cuenta de que una

---

1 Ver las obras *Sabiduría occidental o ciencia oculta cristiana*, de Max Heindel (publicada por esta misma editorial), *La doctrina secreta,* de Blavatski o *La Ciencia oculta*, de Rudolf Steiner.

obra tan perfecta no puede hacerse de la noche a la mañana, necesitaba un proyecto mucho más complicado.

Cuando ocurrió el hecho de la Caída ya llevaba el hombre varios millones de años de existencia. Dios no lo creó de forma instantánea como algunas ideas nos hayan hecho creer, sino que lo hizo por etapas, por así decirlo, y en diferentes periodos evolutivos. La Tierra tampoco fue siempre como es ahora, sino que ha ido cambiando, al igual que el hombre, en sus diferentes etapas.

El drama de la Caída, según los rosacruces y otras escuelas espirituales, ocurre en el cuarto periodo evolutivo, o sea, el Periodo Terrestre. Antes de eso, Dios, a través de las Jerarquías Creadoras, había ido implantando y perfeccionando en el hombre sus diferentes cuerpos: Físico, Etérico y de Deseos. En el Periodo Terrestre, le fue implantado, además, el cuerpo mental, pero este último aún era muy débil y, por tanto, no era capaz de razonar y se dejaba llevar por el de Deseos. Los luciferes aprovecharon esta debilidad para influenciarlo en su propio beneficio. Pero ¿por qué hicieron esto?

Porque antes hubo otra Caída: la Caída Angélica, esta vez capitaneada por Lucifer y una serie de ángeles. Un hecho que ocurrió en uno de los periodos evolutivos anteriores y que fue llevado como anomalía a los siguientes periodos. Esta caída angélica tuvo lugar, al parecer, en el Periodo de Saturno o Primer Periodo evolutivo. ¿Por qué se produce?

Según Kabaleb, Dios puso un mecanismo de defensa al iniciar la Creación en el Periodo de Saturno, que consistía en precipitar al Abismo a los seres que pudieran rebelarse. Lo que no está claro es si este mecanismo de defensa era conocido por los ángeles rebeldes. De lo contrario, creo que no se hubieran rebelado.

En el principio, nos sigue contando el autor, las Jerarquías Creadoras se repartieron las tareas de creación y a cada uno le tocó una distinta. A unos, más elevadas; y a otros, menos. Este hecho, aunque era obligatorio, podía ejercerse de forma voluntaria, con libre albedrío. A algunos no les gustaron las tareas que les había tocado y decidieron que no las hacían. Inmediatamente, estos rebeldes fueron precipitados al Abismo, lo que quiere decir hacer tareas inferiores de las que les había tocado.

Estos ángeles, llamados luciferes por seguir las consignas de su jefe, Lucifer, quedaron desde entonces rezagados del resto de ángeles y tuvieron que trabajar a niveles muy inferiores (pues esto es lo que significa la Caída Angélica), siguiendo rezagados en los demás Periodos Cósmicos: Solar, Lunar y Terrestre.

En el Periodo Terrestre, el ser humano seguía su desarrollo lento y progresivo, una evolución programada por Dios desde el principio, sin la intervención lucífera, quizá muy distinta de la que hoy seguimos con dicha intervención. Los seres humanos (o sea, nosotros) vivíamos en un estado de felicidad sin preocuparnos de nada, mucho más parecida a la infancia que a la edad adulta. Cada detalle de esta evolución era cuidado de forma exquisita por las Jerarquías Creadoras. Nuestra relación con ellos era constante, viviendo en unidad y sintiéndonos protegidos en todo momento. Todo seguía la Ley Cósmica de manera normal. Los hijos venían al mundo sin dolor, y solo los necesarios a lo largo del año. Las Jerarquías nos juntaban por parejas una o dos veces al año para la generación y experimentábamos el placer que este hecho llevaba inherente. La muerte, tal como la conocemos hoy, no existía, sino que el paso de un cuerpo a otro se hacía como cambiando de piel, pero de una forma consciente.

Se puede decir que la Humanidad, en cuanto a su desarrollo mental, estaba aún en su etapa infantil. Los cuerpos físicos eran mucho más sutiles, invisibles, si los mirásemos con los ojos de hoy.

De hecho, cuando la Biblia habla de Adán y Eva no se refiere a personas concretas, sino a la Humanidad en general (masculina y femenina), que vivía en el Edén.

Podemos decir que, cuando se nos explica la vida en el Paraíso Terrenal, se nos está hablando de cosas reales y simbólicas.

La Biblia es un libro principalmente simbólico y así hay que interpretar la mayoría de sus textos. En este sentido, los dos árboles principales del Paraíso: el Árbol de la Ciencia del Bien y del Mal y el Árbol de la Vida no pueden ser más que dos símbolos protagonistas de la evolución espiritual de la Humanidad. El Árbol de la Ciencia se relaciona con el conocimiento; y el Árbol de la Vida representa la esencia vital del espíritu. Comer de ellos significa, por un lado, acceder al conocimiento del bien y del mal; y por el otro, obtener la capacidad de vivir eternamente; es decir, no perder la conciencia de la eternidad.

Pero si Dios no quería que el ser humano comiese de uno de ellos (del Árbol de la Ciencia), ¿por qué lo puso en el Paraíso?:

- ¿Era necesario para propio alimento de otros seres distintos del hombre que habitaban allí?
- ¿Se necesitaba, con moderación, para alimentar a las criaturas una o dos veces al año, o esperar a que Dios dijera cuándo debían comerlo?
- ¿Quería Dios probar la obediencia del hombre?
- O ¿tal vez lo que quería era que comiera, sabiendo que era curioso por naturaleza?

Alguna de estas premisas, o todas, debe ser cierta. De lo contrario, con no haberlo puesto, hubiese sido suficiente.

La única explicación que parece más convincente es que, de alguna u otra forma, era necesario para la evolución del hombre y también de los otros seres que, junto con él, siguen el curso de la evolución. Algunos seres espirituales podían comer del fruto del árbol prohibido y eran capaces de asimilarlo, aunque para el ser humano aún era demasiado pronto, no podía soportar su fuerza. Pero analicemos esto con detalle.

Según nos han transmitido las enseñanzas rosacruces, la evolución del hombre no debería haberse producido de la manera que conocemos, sino que tendría que haber seguido una línea más lenta y perfecta, una línea en la que no hubiese sido necesaria la tentación. Pero esta ocurrió y Dios se vio en la necesidad de tener que aprovecharla en beneficio del propio hombre. En este sentido, prepararon el descenso de Cristo a la Tierra para que todo aquel que se acoja a su impulso pueda elevarse de nuevo y alcanzar la eternidad que le había sido arrebatada. Una preparación que llevaría miles de años antes de que un ser humano (Jesús) pudiera estar preparado para tan gran misión.

Si hacemos una lectura superficial del Génesis, podríamos pensar que Dios (o los dioses) ocultan al hombre la verdadera consecuencia del fruto prohibido, y que es la serpiente quien le dice la verdad.

«Y mandó Jehová Dios al hombre, diciendo: De todo árbol del huerto podrás comer; mas del árbol de la

ciencia del bien y del mal no comerás; porque el día que de él comieres, ciertamente morirás».

Génesis 2: 16, 17

«Pero la serpiente era astuta, más que todos los animales del campo que Jehová Dios había hecho; la cual dijo a la mujer: ¿Conque Dios os ha dicho: No comáis de todo árbol del huerto?
Y la mujer respondió a la serpiente: Del fruto de los árboles del huerto podemos comer; pero del fruto del árbol que está en medio del huerto dijo Dios: No comeréis de él, ni le tocaréis, para que no muráis.
Entonces la serpiente dijo a la mujer: No moriréis; sino que sabe Dios que el día que comáis de él, serán abiertos vuestros ojos, y seréis como Dios, sabiendo el bien y el mal».

Génesis 3: 2-5

«Y dijo Jehová Dios: He aquí el hombre es como uno de nosotros, sabiendo el bien y el mal; ahora, pues, que no alargue su mano, y tome también del Árbol de la Vida, y coma, y viva para siempre».

Gén.3.22

Aquí vemos claramente cómo Jehová Dios, hablando con los demás Seres Creadores, da la razón a la serpiente y parece que no le gusta que el hombre llegue a ser inmortal como lo son ellos. Por eso le cierra el camino hacia el Árbol de la Vida con querubines para que no pueda entrar a comer de su fruto:

«Y lo sacó Jehová del huerto del Edén, para que labrase la tierra de que fue tomado.

Echó, pues, fuera al hombre, y puso al oriente del huerto de Edén querubines, y una espada encendida que se revolvía por todos lados, para guardar el camino del Árbol de la Vida».

Gén.3: 23, 24

Aunque, como hemos dicho, una primera lectura retrate a un Dios egoísta y cruel con el hombre, por no permitirle acceder a la eternidad; y a la serpiente, como reveladora de la verdad, al decirle la auténtica consecuencia de comer del fruto prohibido, si seguimos profundizando, nos encontraremos con que es precisamente al revés: Dios le protege al no dejarle comer del Árbol de la Vida después de haber comido del Árbol de la Ciencia del Bien y del Mal. Veamos por qué.

En primer lugar, ¿qué representa la serpiente? ¿Por qué un animal de los que había en el Edén parece tener el don del habla y se dirige a la mujer en su mismo lenguaje?

Si los frutos de los árboles del Edén representan los distintos conocimientos que el ser humano tiene que ir adquiriendo, los animales representan sus instintos y pasiones.

Cada animal tiene una cualidad principal (o cualidades) por la cual se le recuerda. Por ejemplo, al león, por su altivez y audacia; al tigre, por su crueldad; al lobo, por su instinto asesino; al perro, por su fidelidad; al gato, por su independencia, etc. Estas cualidades también se encuentran en nuestro interior y, así como hemos domesticado al perro, al caballo, al gato..., también hemos de domesticar a todos los demás en el futuro; es decir, dominar dichos impulsos en nuestro interior y domesticar su energía para que trabajen para nosotros en el sentido del bien universal.

En la Biblia se nos habla de un animal, la serpiente, que es el más astuto, por representar la voz de Lucifer:

«Pero la serpiente era astuta, más que todos los animales del campo que Jehová Dios había hecho».

Génesis 3:1

O sea, a través de un instinto, nuestro instinto más bajo, Lucifer consigue que sigamos un camino distinto al que deberíamos haber seguido sin su intervención.

Como hemos dicho anteriormente, Adán y Eva representan a la Humanidad en un momento de la evolución. Antes de la separación de los sexos eran uno solo: Adán. Por eso, la tentación recae en la pareja como ser completo, aunque sea la mujer la que aparece en los textos sagrados.

Si Lucifer se dirigió a la humanidad femenina fue porque tenía las facultades imaginativas más desarrolladas que la humanidad masculina y, por tanto, la que mejor podía escuchar su voz. Pero, como hemos dicho, la Humanidad representaba una unidad.

Se nos ha hecho creer que el hombre estaba ya formado y era un ser desarrollado cuando Lucifer, la serpiente, se dirige a él, pero está claro que no, el hombre no podía estar desarrollado. De hecho, ni siquiera conocía el bien y el mal. ¿Cómo va a ser responsable de semejante hecho? La lógica nos lleva a pensar que era una especie de bebé en las arenas de la evolución cuando se produjo la Caída.

Dios en ningún momento culpa al hombre, sino que le advierte de sus consecuencias, de las consecuencias de comer del fruto prohibido, ya que eso parece que no puede evitarlo. Esto podemos verlo en todos nuestros actos cotidianos, cuando iniciamos algo tiene unas consecuencias inevitables, aunque, si lo que iniciamos es negativo, sí podemos arreglarlo más adelante o, incluso, aprovecharlo para hacer algo mejor: «No hay mal que por bien no venga».

Si advertimos a nuestros hijos del peligro de hacer determinados actos y ellos terminan haciéndolo, no podemos hacer nada, porque la acción se ha puesto en movimiento y tiene consecuencias inevitables, pero sí que podemos minimizar los riesgos o pensar en algo que juegue a su favor.

Por ejemplo: si advierto que mi hijo ha sido influenciado por alguien para realizar un acto delictivo y lo termina llevándolo a efecto, puedo acudir en su ayuda, incluso sacrificarme por él para que termine viendo que su acto fue negativo y salga completamente reforzado e inmunizado para este tipo de actos, no volviendo a realizarlos jamás.

Esto es lo que parece que hizo Dios: una vez que el hombre se dejó influenciar por la serpiente y acabó comiendo del Árbol de la Ciencia: viendo que no podía evitar las consecuencias, debido a la ley que Él mismo había puesto, aprovechó la Caída en beneficio del hombre e ideó una salida donde este pudiera salir reforzado.

Dios, al prohibir comer del Árbol de la Ciencia al hombre, quería evitarle sus consecuencias, es decir, sabía que sufriría el dolor, la enfermedad y la muerte. Probablemente, algún día podría comer, pero no en ese momento, ni de forma tan brusca, porque aún no estaba preparado para trabajar con esa energía. Por citar un ejemplo burdo, es como si pusiéramos a un profano en materia nuclear a trabajar con ella, o como si le diésemos a un bebé alimentos destinados a los adultos. Las consecuencias podrían ser completamente desastrosas.

Pero ¿qué fue exactamente lo que ocurrió al comer del fruto prohibido?

En un primer momento, vemos que el hombre adquirió conciencia de sus cuerpos:

«Y oyeron la voz de Jehová Dios que se paseaba en el huerto, al aire del día; y el hombre y su mujer se escondieron de la presencia de Jehová Dios entre los árboles del huerto.

Mas Jehová Dios llamó al hombre, y le dijo: ¿Dónde estás tú?

Y él respondió: Oí tu voz en el huerto, y tuve miedo, porque estaba desnudo; y me escondí.

Dios le dijo: ¿Quién te enseñó que estabas desnudo? ¿Has comido del árbol de que yo te mandé no comieses?»

Génesis 3: 8-11

Más tarde, dice Dios:

«He aquí el hombre es como uno de nosotros, sabiendo el bien y el mal; ahora, pues, que no alargue su mano, y tome también del Árbol de la Vida, y coma, y viva para siempre».

Génesis 3:22

Es decir, adquiere la conciencia del bien y del mal.

Por este enfado Divino, creemos extraer la conclusión de que se ha violado una de las Leyes Cósmicas más importantes que Dios había puesto en la Creación, y ante semejante hecho no puede hacer otra cosa que expulsar al hombre del Edén, pues, por lo que se ve, ya no puede seguir viviendo allí, ni la evolución puede seguir siendo como era hasta ahora. Los dioses deben cambiar su estrategia e idear una ayuda para el hombre, pero este debe seguir su camino involutivo para adquirir todo el conocimiento del bien y del mal. Es decir, debe separarse de los dioses, con los que hasta ahora había estado unido y adquirir su propia conciencia, la conciencia de un ser separado de la Divinidad y con la capacidad de hacer el bien y el mal y de desobedecer a los Seres Creadores: adquirir la conciencia de su *yo*.

Esta separación de los dioses viene provocada por la influencia luciférica, que, al tentar al hombre, ocupan sus espacios internos y le influyen desde dentro, desde su cuerpo de deseos. Pero quien realmente debería ocupar sus espacios internos son los Ángeles, los cuales, desde entonces no pueden influenciar al hombre desde dentro por estar este sometido a los deseos luciféricos. Aunque si se les pide, sí lo hacen y, de este modo, se van cambiando los deseos luciféricos por los deseos angélicos. Pero este es un trabajo lento que ha de hacerse de forma voluntaria.

Una vez que se produce la Caída, el hombre empieza a adquirir conciencia a través del trabajo, el dolor y la muerte, como se dice en la supuesta maldición bíblica (ya hemos señalado que no era maldición sino consecuencia de una dinámica puesta en marcha al comer el fruto del árbol que Dios había prohibido):

«Entonces Jehová Dios dijo a la mujer: ¿Qué es lo que has hecho? Y dijo la mujer: La serpiente me engañó, y comí.

28

Y Jehová Dios dijo a la serpiente: Por cuanto esto hiciste, maldita serás entre todas las bestias y entre todos los animales del campo; sobre tu pecho andarás, y polvo comerás todos los días de tu vida.

Y pondré enemistad entre ti y la mujer, y entre tu simiente y la simiente suya; esta te herirá en la cabeza, y tú le herirás en el calcañar.

A la mujer dijo: Multiplicaré en gran manera los dolores en tus preñeces; con dolor darás a luz los hijos; y tu deseo será para tu marido, y él se enseñoreará de ti [o, tu voluntad será sujeta a tu marido].

Y al hombre dijo: Por cuanto obedeciste a la voz de tu mujer, y comiste del árbol del cual te mandé diciendo: No comerás de él; maldita será la Tierra por tu causa; con dolor comerás de ella todos los días de tu vida.

Espinos y cardos te producirá, y comerás plantas del campo.

Con el sudor de tu rostro comerás el pan hasta que vuelvas a la tierra, porque de ella fuiste tomado; pues polvo eres, y al polvo volverás».

Génesis 3:13-20

Después de esto, Dios expulsa al hombre del Edén y les deniega el acceso al Árbol de la Vida, salvaguardando su entrada con los propios querubines, sabiendo que Lucifer le incitará a buscarlo para adquirir poderes y eternizar los cuerpos antes de tiempo. Es decir, antes de haber adquirido conciencia y haberse convertido en un ser divino completo, o sea, antes de haber expulsado los poderes luciféricos de su interior y haber dado

La expulsión del Edén. Gustavo Doré.

entrada a los poderes Divinos. Lo que aquí ocurriría es que el hombre eternizaría un cuerpo imperfecto e ignorante, un cuerpo material y transitorio sin conciencia de su verdadera esencia espiritual.

Así pues, Dios le envía al mundo para que viva las consecuencias de su actuar, pero sabe que el hombre no es culpable. Por eso, idea la forma de que vuelva a comer del Árbol de la Vida, aprovechando esta Caída en beneficio del hombre. Dios mismo, o uno de los dioses ha de bajar a la Tierra para redimir al hombre y encaminarle hacia la liberación, pero antes un ser humano tiene que prepararse para recibir a este Ser y prestarle su cuerpo para tal misión. Y hasta que el hombre no haya alcanzado la purificación, no podrá comer del fruto del Árbol de la Vida. Después veremos cómo esta purificación nos es enseñada por el Cristo a través de Jesús.

Mientras tanto, Dios viste a la Humanidad con túnicas de pieles, es decir, con vestidos pasajeros, que representan los cuerpos en los que habita el espíritu en sus distintas encarnaciones, según las enseñanzas rosacruces.

«Y Jehová Dios hizo al hombre y a su mujer túnicas de pieles, y los vistió».

Génesis 3:21

Desde entonces el hombre pierde la conciencia de la eternidad de su espíritu y se adentra en las arenas de la reencarnación, creyendo que muere para siempre con la muerte de cada uno de sus cuerpos, aunque lo único que pierde es la conciencia de su eternidad, pero su espíritu sigue viviendo en cada cuerpo que habita, ya que fue creado eterno. Al comer del árbol prohibido, sus cuerpos físicos se densifican y dejan de ser sutiles.

Pero si el hombre está en la Tierra, ¿de dónde es expulsados y adónde?

La Tierra que acoge al Edén no es la física que conocemos, sino la etérica, una luminosa que aún existe en la actualidad y a la cual debemos volver[2]. Y los cuerpos físicos humanos también eran de luz etérica. Es al comer del fruto prohibido cuando el hombre cae a un estado más concentrado y su conciencia se enfoca en la tierra densa para dejar de hacerlo en la sutil. Dicho de otro modo, la influencia paradisiaca que imperaba sobre el hombre en el Edén deja de ejercerse y entra en funciones otra que le llevará a evolucionar por medio de la experiencia. O sea, el fruto prohibido lleva al hombre a explorar otro estado de conciencia, sus ojos se abren entonces a la otra parte, a la más densa y material que experimenta el mundo de los sentidos.

Pero ¿los luciferes, qué ganan con todo esto? Se nos dice, a través de la tradición oculta, que estos, al haber sido precipitados al Abismo y quedar rezagados de la

---

2 Véase en el capítulo anterior los distintos paraísos perdidos.

evolución con respecto a la oleada de vida angélica, se encontraron en una situación muy difícil. Por un lado, no podían funcionar en un cuerpo vital (el cuerpo inferior en el que funcionaban los ángeles); y por otro, tampoco podían obtener ningún conocimiento que les permitiera poder avanzar en el camino evolutivo, al faltarles el único órgano que lo hacía posible: el cerebro humano. Por este motivo, se encontraban entre el hombre, que sí tenía este órgano, y el ángel, que no necesitaba ningún órgano físico para obtener conocimiento.

En esta situación tan difícil y delicada, tomaron la decisión de utilizar el cerebro del hombre para aprovecharse de él y, beneficiándose de las experiencias humanas a medida que el hombre las fuera obteniendo, poder seguir su camino evolutivo. Su influencia en el ser humano recae con mayor intensidad en su cuerpo de deseos. O sea, a través del cuerpo de deseos del hombre, consiguen su objetivo, que es llevarle hacia un camino que le proporcionará el dolor, la enfermedad y la muerte para poder ellos avanzar. Esta influencia luciferiana (o voz de Lucifer) actúa principalmente a través de los instintos y deseos bajos del hombre.

Tenemos otra pregunta obligatoria: ¿gana algo el hombre con la Caída?

En un primer momento parecería que no, que lo que ha hecho ha sido perder, ya que tiene que trabajar para «ganar el pan» y pasar por el dolor, la enfermedad y la muerte. Pero analicémoslo con más detalle.

Cuando Dios creó al hombre, lo hizo completamente inocente, con una conciencia de unidad y no separadora. Por esta razón, se puede afirmar que se sentía unido a toda la Creación y era como una marioneta manejada por las Jerarquías Angélicas. Con la Caída se empieza a disgregar de las fuerzas divinas y, poco a poco, inicia un descenso que le hace ir ganando una libertad que antes no tenía. Es decir, la libertad incluso de oponerse a la misma Divinidad, la libertad de reconocerse como un *yo* separado del resto, de llegar a la autoconciencia. Esta libertad llegará a ser total en el momento en que conozca la verdad plena, hecho que se producirá con la incorporación a su ser del impulso de Cristo. Pero hay que reconocer que son los luciferes, en un primer momento, los que permiten que el hombre la consiga. Por este motivo, la tradición oculta nos cuenta que algún día ellos también podrán reintegrarse al orden Divino.

Y ya podemos contestar a la pregunta que habíamos formulado: ¿Qué gana el hombre con la Caída? Gana la libertad. Pero en el proceso hasta conseguirla del todo acecha un peligro. Veamos cuál:

Rudolf Steiner divide a los ángeles caídos o, como él los llama, *fuerzas opositoras,* en dos grupos: las fuerzas luciféricas y las fuerzas arhimánicas.

Las luciféricas hicieron que el hombre se opusiera a la voluntad divina y le *abrieron los ojos* (o los sentidos físicos) alejándole cada vez más de la presencia divina, de un estado de comunicación con los seres superiores, para enfocar la conciencia cada vez más en el mundo físico. Es decir, hicieron que la Humanidad se alejara de su origen, de su estado armónico en el que las fuerzas del bien velaban por su evolución, para precipitarla hacia el mundo físico. El hombre, debido a la influencia luciferiana, adquirió la facultad de actuar en desacuerdo con las leyes divinas, o sea, de *pecar* (cometer errores). En el Paraíso, el hombre era perfecto, aunque sin *autonomía*, era un autómata y su evolución a partir de ahí debía transcurrir sin errar. Pero ahora, al ser apartado de su origen divino, queda expuesto a todos los defectos y al *pecado* (al error). Pero, en compensación, alcanza la *libertad*, que conseguirá incorporando la semilla crística en su interior y desarrollándola (Dios aprovecha la caída en beneficio del hombre). Pero antes, la tentación luciférica abrió el camino para otro tipo de seres negativos: los espíritus arhimánicos.

Las arhimánicas son las fuerzas del mal propiamente dichas, y se encargan de tentar a los hombres para inclinarlos hacia el mal y hacerles creer que son únicamente seres terrenales, para que olviden su origen divino y la misión que les ha sido encargada por Dios. Son los que provocan la tendencia al materialismo en el ser humano y la huida de toda espiritualidad.

Pero en este descenso del ser humano hacia la conquista de la libertad y la autoconciencia acechaba un peligro: perder de vista y olvidar para siempre su origen espiritual, convirtiéndose en un ser completamente egoísta y maligno. Para contrarrestar esta influencia, apareció Cristo en el momento adecuado, aquel en el que el hombre había descendido al punto más bajo del mundo material, para darle el impulso necesario que hiciera posible su ascenso de nuevo al mundo espiritual. Las fuerzas crísticas son, por tanto, las que equilibran al hombre y le impelen a emprender el camino de vuelta.

Los dos árboles del Paraíso

Hemos visto que en el Paraíso hay dos árboles que son clave en el proceso evolutivo del hombre. El primero (el Árbol de la Ciencia), como ya hemos dicho, representa el conocimiento del bien y del mal, la adquisición del conocimiento a través de la «muerte» (o pérdida transitoria de conciencia de la eternidad); y el segundo (el Árbol de la Vida), la conciencia de la eternidad, la esencia vital que hace al hombre ser consciente de su ser eterno y la adquisición de su rango divino, incluidos sus poderes espirituales.

Para poder comer los frutos del Árbol de la Vida, dado que hemos comido del Árbol de la Ciencia, primero hemos de desarrollar y dar los frutos adecuados a través de diferentes vidas en diferentes cuerpos.

Miniatura de 1489.

En sentido simbólico, comer el fruto de un árbol significa asimilar su alimento y convertirlo en generador de pensamientos, emociones y acciones, que darán lugar a un nuevo fruto.

Comer del Árbol de la Ciencia antes de tiempo supuso un drama cósmico que nos precipitó en nuestro peregrinaje a través de la materia, y hasta que no aprendamos a trabajar el conocimiento de forma adecuada, es decir, hasta que no evolucionemos lo suficiente, hasta que no seamos perfectos en nuestra forma de ser y actuar. O, lo que es lo mismo, hasta que no seamos capaces de dar un buen fruto, no podremos comer del Árbol de la Vida, ya que comer de este Árbol supone llegar a ser inmortal, y no podemos ser inmortales si somos imperfectos, pues, de lo contrario, seríamos un peligro para nosotros mismos y el resto de seres de la Creación. Imaginad a un salvaje con poderes inmortales. Aunque no hace falta imaginar mucho, ya que lo podemos ver en muchas películas de ficción y, aún de forma más categórica, en algunas acciones de individuos en la vida cotidiana.

Si hubiésemos obedecido al mandato divino de no comer del Árbol de la Ciencia, probablemente hubiese llegado un tiempo en el que hubiéramos estado preparados para poder comer de él, y la evolución hubiese seguido un curso natural, sin Caída. El descenso a la materia podría haberse producido de forma armónica y el conocimiento lo hubiésemos obtenido sin necesidad de perder la conciencia de nuestra condición inmortal. No se sabe muy bien cómo hubiera sido esto, ya que no se produjo. Lo que sí es historia es que el hombre quiso explorar el camino sugerido por Lucifer y, entonces, recibió el conocimiento en grandes cantidades, las cuales eran imposible digerir. De esta forma, según Kabaleb, quienes recibían y reciben el conocimiento no digerido por los seres humanos son los luciferes, pero como este va destinado a nosotros, resulta que una vez asimilado por ellos nos lo devuelven, aunque no en su forma original enviado por los ángeles, sino manipulado y vuelto del revés. Esto supone, que una experiencia de amor, se convierte en otra de odio. Por decirlo de alguna manera, todo lo que no asimilemos en su forma positiva (o sea, tal como nos es enviado a través de los ángeles) se convierte después en negativa. De una u otra forma, hemos de vivirla.

Si fuéramos capaces de asimilar las experiencias provenientes de Dios, que nos son proporcionadas a través de las Jerarquías Angélicas, tal como nos son enviadas, en pocas vidas, o encarnaciones en diferentes cuerpos, llegaríamos a alcanzar la iluminación, emprendiendo el camino de vuelta a Casa o a la Unidad Divina. Pero, como sabemos, esto no nos es posible, al menos a la gran mayoría de seres humanos. Así que, el orden divino ha establecido unas reglas para que no lleguemos a destruirnos y para que tomemos conciencia de nuestros errores y tengamos la oportunidad de enmendarlos. Se trata de la Ley de Causa y Efecto, conocida en Oriente como la Ley del Karma. Es decir, todas mis acciones generan una reacción que ineludiblemente me alcanzará. Si hago un mal a alguien, algún día, en esta o en otra vida futura, ese alguien me lo hará a mí. Lo mismo, si hago un bien. De tal forma, que las experiencias positivas se van archivando en nuestro espíritu, y las negativas se van desechando, y así algún día alcanzaremos la perfección.

De esta manera, entra siempre en acción el mecanismo de defensa puesto por Dios en su Creación para que el mal no se propague, esto es: el mal tiende a destruirse a sí mismo, las experiencias negativas no dan un fruto agradable, sino todo lo contrario. Por tanto, cualquiera que lo practique, inevitablemente tendrá que dejar de practicarlo algún día, al comprobar en su propia vida, mediante la ley del Karma, sus efectos nocivos.

Nuestra precipitación a las experiencias materiales, el descenso al mundo sensible, tiene por objeto alcanzar la autoconciencia, pero una vez alcanzada, hemos de volver a nuestro origen, al mundo divino. No obstante, este camino es lento y tiene un gran peligro motivado por el libre albedrío, pues al hombre no se le puede obligar a elegir el camino de vuelta, debe ser siempre su libre elección, ni tampoco a elegir el camino del bien, ni a creer en Dios o en él mismo como ser divino y eterno. Este último es el gran peligro que le acecha: olvidarse completamente de su origen divino, creyendo que es únicamente un ser de carne y hueso y que tras la muerte se acaba todo. Así se pasaría las distintas vidas (o reencarnaciones) en una especie de eterno retorno, mirando únicamente hacia su ombligo, completamente egoísta y teniendo cada vez menos amor al prójimo.

El sistema de creencias hebreo contempla un diagrama, al que llaman Árbol de la Vida, que refleja el macrocosmos (el Universo considerado como Unidad —material y espiritual— organizada y armónica) y el microcosmos (ser o entidad como imagen y reflejo del Universo o macrocosmos), donde se pueden ver o intuir absolutamente todos los posibles caminos del hombre y sus consecuencias y todo el conocimiento existente. Así mismo nos da las claves para evolucionar y poder llegar a comer y asimilar su fruto, alcanzando la eternidad que, sin este hecho, nos es negada.

Pero en este diagrama hebreo parece que se han fusionado los dos árboles simbólicos del Paraíso: El Árbol de la Ciencia del Bien y del Mal y el Árbol de la Vida, propiamente dicho. Si nos fijamos en él, vemos, en efecto, que una primera lectura nos dice que este diagrama contiene 2 columnas laterales y una central: La izquierda es la columna del rigor, la derecha es la de la gracia, y la central es la del equilibrio.

El rigor, atributo de la columna de la izquierda, representa todos los trabajos materiales que tienen que hacerse con esfuerzo. Podríamos decir que es la vía de la ciencia, de las construcciones materiales, del mundo material, de la razón, del dolor... Mientras que la columna de la derecha, la gracia, es la del camino fácil, la de todo lo que se adquiere sin esfuerzo, la del mundo espiritual, del gozo... La columna central representa el equilibrio entre la izquierda y la derecha.

Por la columna de la derecha circulan las fuerzas de la vida, las energías que permiten existir a todo lo que hay en el mundo material. Por la columna de la izquierda circulan los receptáculos que reciben a esa energía para poder mantenerse en pie (por ejemplo, los cuerpos materiales) y que, sin ella, no podrían existir. La columna del centro es el equilibrio entre las dos columnas, lo que equivale a decir que entre las dos columnas debe haber un equilibrio que las permita mantenerse en armonía, ya que sin esa armonía se produciría un desequilibrio. A efectos prácticos, podemos decir, por ejemplo, que debe haber un equilibrio entre la ciencia y la espiritualidad, entre las construcciones materiales y las espirituales, etc.

Este Árbol se compone de 10 sefirot, representados por círculos, y 22 senderos que van de uno a otro círculo. Haciendo un total, incluyendo los sefirot, de 32 senderos. Estos 32 senderos son los que cada ser

El Árbol de la Vida

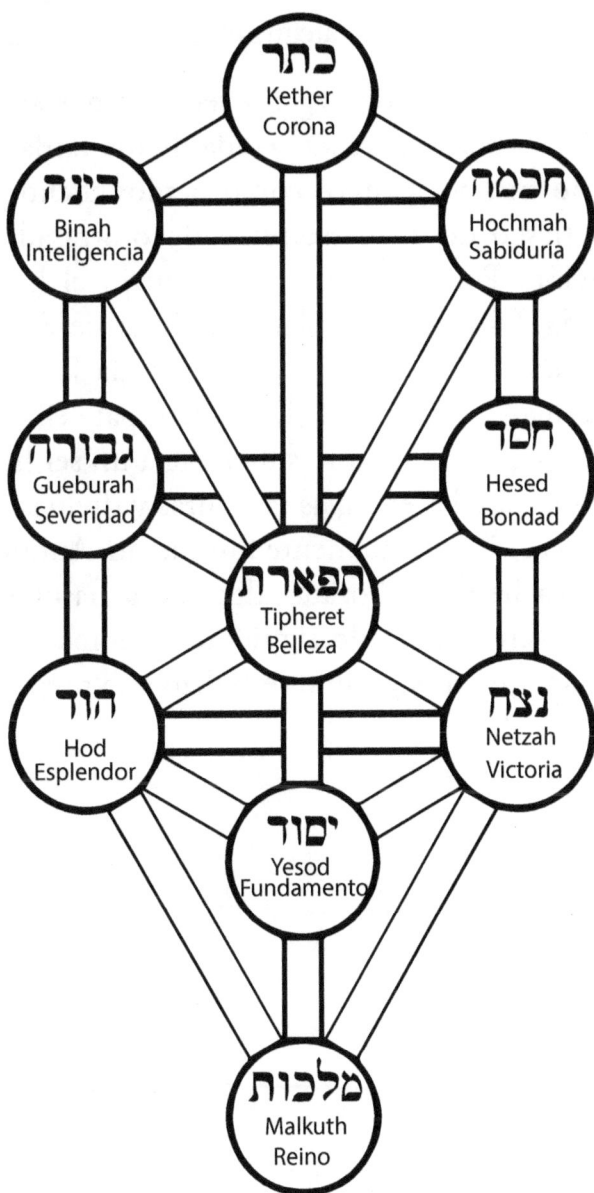

כתר
Kether
Corona

בינה
Binah
Inteligencia

חכמה
Hochmah
Sabiduría

גבורה
Gueburah
Severidad

חסד
Hesed
Bondad

תפארת
Tipheret
Belleza

הוד
Hod
Esplendor

נצח
Netzah
Victoria

יסוד
Yesod
Fundamento

מלכות
Malkuth
Reino

humano habrá de recorrer para poder comer el fruto del Árbol de la Vida, es decir, para hacerse inmortales o, lo que es lo mismo, alcanzar la iluminación.

El hombre puede llegar a recorrer por sí mismo esos 32 senderos, pero sin ayuda divina tardaría muchísimo más y, además, como hemos dicho, correría el riesgo de quedarse rezagado o atrasado en la evolución. Por eso, desde que ocurrió el hecho de la Caída, Dios ideó un plan para traer de vuelta a la Humanidad, este consistía en enviar a la Tierra a uno de los suyos, a un Hijo de Dios, pero para ello primero habría que preparar lo suficiente a un ser humano que soportase las energías tan puras y divinas de este Ser sin caer inmediatamente fulminado. Aunque más arriba ya hemos esbozado algo de la naturaleza de este Ser, en el capítulo siguiente veremos de forma más clara quién es y cómo se realizó esta preparación.

Capítulo 2

El camino de vuelta

«No importa la lentitud con la que avances,
siempre y cuando no te detengas».

Confuccio

Involución y Evolución

*D*esde el punto de vista espiritual, podemos dividir la historia de la Humanidad después de la Caída en dos grandes periodos: el primero, que va desde este acontecimiento hasta la época de Cristo, al que podemos llamar Periodo de Involución o Descenso; y el segundo, desde la época de Cristo hasta nuestros días, que llamaremos Periodo de Ascenso o Evolución.

Hemos de tener en cuenta que la historia de la Humanidad, tal como la conocemos por los libros, solo nos cuenta los hechos exteriores o físicos, no contempla los espirituales. Para poder entender la historia desde un punto de vista espiritual, tenemos que recurrir a otra herramienta que todos tenemos en nuestro interior, esta herramienta va más allá de la razón, se trata de la intuición, una forma de conectar con la esencia espiritual de cada cosa existente en el Universo, y que algún día se convertirá en clarividencia. Hay personas que ya la han convertido, es decir, ya son clarividentes y, por tanto, pueden leer en la Memoria de la Naturaleza, o Archivos Akhasicos, la historia de los grandes espíritus que han pasado por nuestra Tierra. Los demás podemos utilizar la intuición como medio para llegar a leer lo que está más allá de las cosas aparentes. Se trata de esa corazonada, ese pálpito, que nos asiste de vez en cuando y que, sin saber por qué, tenemos la convicción de que es cierto.

Otra ley cósmica de la que podemos echar mano es de la Ley de Correspondencia, de Hermes Trismegisto, que reza así: «Como es arriba es abajo, como es abajo es arriba», en virtud de la cual se puede conocer lo no visible por medio de lo visible.

La Memoria de la Naturaleza es una especie de biblioteca universal espiritual donde quedan registradas todas las acciones de los seres humanos, aunque no como quedarían registrados los hechos físicos en una película, sino que va más allá: recoge los pensamientos que se hallan detrás de cada acción física. Así, por ejemplo, si quisiéramos investigar cualquier acción de un personaje histórico en particular, lo que percibiríamos sería el pensamiento que le llevó a realizar esa acción. De esta manera, los iniciados han estudiado los hechos espirituales que se esconden detrás de los físicos en los grandes acontecimientos de la Humanidad y, particularmente, en el tema que nos ocupa, cuyo resumen paso a explicar a continuación.

En el Periodo de Involución, la historia espiritual nos cuenta cómo los espíritus virginales (nosotros) recorrieron un camino de descenso a las realidades materiales, un camino de conocimiento que les llevaría a adquirir la autoconciencia. Anteriormente, eran seres con una conciencia global, una conciencia unida a todos los seres de la Creación, incluidos los espirituales y, por supuesto, estaban vinculados al Creador. Fue el deseo de comer del Árbol de la Ciencia lo que les precipitó a una involución sin precedentes. A partir de aquí, recorrieron el camino encarnándose en diferentes cuerpos y perdiendo gradualmente la conciencia de su unión con los dioses y de su propia inmortalidad («… el día que de él comieres ciertamente morirás». Esta es la muerte a la que se refiere Dios, la pérdida de conciencia de su eternidad). A medida que se iban reencarnando en diferentes cuerpos, su conciencia se iba enfocando cada vez más en su ser como individuo aislado, dejando su conciencia grupal y olvidándose de su origen espiritual, para centrarse en su *yo* individual, es decir, llegar a ser consciente de su propio *yo* a diferencia de todo lo demás.

Aquí podemos ver por qué muchos sabios de la antigüedad hablaban del mundo espiritual como si lo recordaran de verdad, como si tuvieran plena conciencia de su existencia. En efecto, el recuerdo de aquella estancia con los dioses no se perdió del todo hasta que el hombre no llegó a ese estado en el que se reconoce a él mismo separado del resto, es decir, hasta que no toma conciencia plena de su propio *yo*.

Esta toma de conciencia, en un sentido general, llegaría en un periodo clave de la historia de la Humanidad. Aquel periodo que conocemos como el nacimiento de Cristo. Fecha en la cual, en la mayoría de las naciones de la Tierra, se puso el contador a 0, como si a partir de aquí, la Historia iniciara otro camino. Lo que ocurrió realmente es que se inició el sendero de ascenso al mundo espiritual, es decir, el proceso se dio la vuelta, la involución llegó a su punto más bajo y se inició la evolución.

Ninguna cosa se consigue de manera fácil en el Universo. El ser humano ha tardado millones de años en llegar a donde se encuentra en la actualidad. Por eso, el periodo de involución también ha sido largo. Durante todo ese tiempo, un ser humano, Jesús, fue preparado para poder albergar al ser espiritual que nos libraría de una caída definitiva en el mundo de los sentidos. Este ser espiritual fue conocido en el mundo antiguo por diversos nombres: *el Que Es, el Yo Soy, Aura*

Mazda, etc. Y en la época que nos ocupa se le conoció con el nombre de Cristo.

Jesús y Cristo no son la misma entidad[3]. Jesús es un ser humano como nosotros, solo que muchísimo más evolucionado, y Cristo es una entidad espiritual, un Hijo de Dios, un Ser que nunca antes se había encarnado, y ahora lo hace para dar un impulso a la Humanidad y revestir al hombre con los poderes espirituales que le han sido otorgados desde el principio del mundo, y que la mayoría ya los habían olvidado por completo.

Jesús conocía su misión, que era la de albergar a Cristo, y por eso se sacrifica en beneficio de la Humanidad, dejando su cuerpo al espíritu de Cristo. Cristo lleva a cabo el mayor sacrificio jamás realizado: primero, el sacrificio de encarnarse en un cuerpo humano, lo cual le imponía vivir en un cuerpo, que aunque era el más evolucionado de los humanos en ese momento, su vibración no era lo suficientemente elevada como para poder aguantar a un dios. Sería algo así como si el espíritu de un ser humano se reencarnara en una hormiga[4]. Y segundo, el de morir en la cruz en beneficio de la Humanidad, también conocido como el sacrificio del Gólgota.

---

3 Ver el libro *Jesús y Cristo, historia oculta de una Misión Divina*, Ed. Creación.
4 En este sentido, se cuenta que debía salir del cuerpo a menudo para poder aguantar, y eran los esenios quienes se encargaban de custodiar el cuerpo físico de Jesús hasta que el Cristo volvía de nuevo a él.

La clave de acceso

El resumen de la historia del ser humano parece sencilla a primera vista: descendemos al mundo de los sentidos, luego viene Cristo nos impulsa, después ascendemos de nuevo al mundo espiritual, y *voilà*: el Reino de los Cielos ya es nuestro. Pero, como podemos ver por nosotros mismos, la involución y evolución, o el descenso y ascenso, requieren miles de años en la escala cósmica. Aprendemos despacio y vamos escalando etapas muy lentamente, ya que, cuando llegamos al mundo físico, nos recreamos en él y pensamos que esto es cuanto existe porque es lo único que conocemos. Así que cometemos errores que subsanamos con otros errores y así sucesivamente hasta llegar a entender que estamos viviendo sobre errores para dejar de cometerlos, es decir, hasta sustituirlos por actos que estén de acuerdo con la Ley Cósmica, paso necesario para entrar en una Ley Superior: la del Amor. Para esto tenemos el mecanismo que Dios puso en el Universo según el cual todo lo que se haga de espaldas a la Ley Cósmica dará un fruto desagradable, que tenderá a destruirse a sí mismo, y quien lo practique comprobará en su propia vida, mediante la ley del Karma, ya sea en esta o en otra encarnación, sus efectos nocivos, hasta que tome conciencia y sustituya sus actos negativos o malvados por otros positivos o benévolos.

Esta dinámica es la que hace que el ser humano tarde tanto tiempo en entender que hay un único ca-

Alegoría del Árbol de la Vida. Ignacio de Ries.

mino, aunque todos los demás conduzcan a él, para llegar a la iluminación, y es el camino de la perfección, el único que parece costarle más, ya que le exige esfuerzos que no está dispuesto a hacer, sintiéndose más cómodo trabajando con sus sombras, que aquí equivalen a dejarse llevar sin freno por sus instintos y deseos más bajos.

Si miramos el Árbol de la Cábala, la dinámica de ascenso y descenso parecen simples: descendemos por los senderos que conducen a Malkuth y después ascendemos hasta llegar a Hochmah. Un camino que nos llevaría de vuelta a Casa en un tiempo prudencial, sin interrupciones. Pero este proceso, como hemos visto, fue bloqueado por los luciferes y, desde entonces, damos un paso hacia delante y otro hacia atrás, retrasando consecuentemente el tiempo que necesitamos para llegar arriba.

Si esto fuera entendido desde el punto de vista espiritual o, como decíamos más atrás, desde una conciencia que vislumbrase ese mundo, tal vez sería más fácil, ya que podríamos evolucionar de forma consciente y hacer los esfuerzos necesarios para lograrlo, pues sabríamos a ciencia cierta el futuro glorioso que nos espera. Pero las fuerzas arhimánicas (según las llama Rudolf Steiner) se han encargado de mantener nuestros ojos cerrados y, aunque muchos de nuestros congéneres están empezando a abrirlos, para la gran mayoría, el mundo espiritual permanece velado, y actualmente vivimos una etapa oscura, a la que los círculos budistas reconocen como Kali Yuga, donde el imperio del mundo material, del mundo de los sentidos, sobre el espiritual es evidente.

Todo esto (la pérdida de conciencia del mundo espiritual), según parece, era necesario para llevar el *yo* del hombre a la madurez requerida para tomar plena conciencia de sí mismo. De esta forma, se ve separado del resto como una individualidad y se da cuenta de su existencia como ser único con respecto a los demás. Así se forma en él la autoconciencia, requisito indispensable para poder iniciar el camino de vuelta de nuevo al mundo espiritual. Pero, al llegar aquí debe producirse un nuevo nacimiento, y este nacimiento es al que se refiere Cristo cuando dice: «Os es necesario nacer de nuevo». Este *yo* debe revestirse del Yo Crístico o Espiritual; de otra manera, no puede despertar del sueño material ni tomar el impulso para volver al Padre. Y, *aunque muchos caminos conducen a Él,* solo uno es el camino recto que puede hacer que lleguemos allí antes, ese es el camino que conduce al Árbol de la Vida, con la llave verdadera para acceder a su fruto, por medio del Ser más grande que ha sido enviado a la Tierra desde el mundo espiritual: el camino de Cristo.

Tomas le dijo: No sabemos adónde vas; ¿cómo, pues, podemos saber el camino? Jesús le contestó: Yo soy el camino, la verdad y la vida; nadie viene al Padre sino por mí.

Juan 14: 6

En efecto, en el Árbol de la Cábala vemos, primero, que todos los senderos parten del Padre o Kether y descienden hasta Malkuth o la Humanidad en el momento presente. Después, en el ascenso, salen de Malkuth, y el punto de llegada final es Kether. En medio de este árbol podemos ver a Tipheret, representante de Cristo, que guarda el equilibrio entre las dos columnas. Esta columna central es la que da acceso directo a Kether (el Padre en términos cristianos). La llave para llegar de forma directa solo la proporciona Tipheret, el Cristo; y aquí podemos ver claramente cómo su paso por la Tierra tiene que ver con el centro de la evolución del Periodo Terrestre y el equilibrio para que el ser humano no se pierda en el camino de descenso y encuentre la clave para ascender.

En el periodo de involución, la mayoría de los seres humanos, tras la muerte, no pasaban más allá del mundo del deseo o plano astral, por lo cual todas las experiencias aprendidas en la vida que acababa de terminar no podían integrarse en su espíritu o Yo Superior. Es Cristo, con su sacrificio en el Gólgota, quien abre la puerta del mundo espiritual para todos, nuestra verdadera patria, haciendo que, a partir de aquí, evolucionen en cada encarnación archivando sus experiencias en su verdadero Yo.

La Astrología también nos da algunas pistas sobre el camino a seguir para llegar a obtener la llave que da acceso al Árbol de la Vida. Los doce signos del Zodiaco representan las doce fuerzas, los doce trabajos que hay que realizar para poder llegar a la iluminación, y también están representados en el Árbol de la Cábala y en la Biblia con otros nombres. Capricornio y Acuario (regidos por Saturno) están representados en Binah; Sagitario y Piscis (regidos por Júpiter), en Hesed; Aries y Escorpio (regidos por Marte), en Gevurah; Leo (regido por el Sol), en Tipheret; Libra y Tauro (regidos por Venus), en Netzath; Virgo y Géminis (regidos por Mercurio), en Hod; y Cáncer (regido por Luna) en Yesod. En Malkuth se reflejan todos los demás sefirot y es la sede de la Tierra.

Según Kabaleb, esta (la energía del Zodiaco) es la verdadera esencia cósmica, de donde Dios tomó los ingredientes para crear al hombre, es decir, son fuerzas vivas espirituales, que ya existían antes de la Creación y prestaron su esencia a Dios para moldear su obra humana. Desde entonces el ser humano, junto con los ángeles, está trabajando con estas doce fuerzas para perfeccionarse y unas veces nace bajo los rayos de un determinado signo del Zodiaco y otras, bajo los de otro. Y así sucesivamente hasta conquistar y dominar las doce fuerzas del Zodiaco y todo el conocimiento que hay en ellos.

En este sentido, volvemos a poner otra vez sobre la mesa la involución y evolución. Si no hubiera existido la Caída, tal vez el camino para llegar a la perfección habría sido en linea recta, o mejor dicho sin entretenimientos que retardasen el tiempo para obtener conocimiento. Pero esta ocurrió, así que nos vemos obligados a dar un paso hacia delante y otro hacia atrás.

Para ilustrarlo con un ejemplo, diremos que la linea recta sería la que sigue el curso de los signos de fuego; después, los de agua; después, los de aire; y finalmente, los de tierra. O sea, para alcanzar la iluminación, primero naceríamos en el signo de Aries; y después lo haríamos en el siguiente orden: Leo, Sagitario, Cáncer, Escorpio, Piscis, Libra, Acuario, Géminis, Capricornio, Tauro y Virgo. De tal forma que necesitaríamos pocas encarnaciones para alcanzar la perfección. Pero, al ocurrir el hecho de la Caída y transitar por senderos opuestos al orden cósmico, vamos creando deudas kármicas que ineludiblemente tenemos que liquidar. Así, el camino sufre muchas variaciones y, en lugar de seguir el orden expuesto, seguimos otro totalmente caótico y, además, sin superar el mundo del deseo. En efecto, en una vida podemos ser de un signo y en la siguiente de otro muy distinto al que sigue su orden natural. Por ejemplo, podemos nacer en Aries en una vida, y en la siguiente, en Piscis o en Capricornio, en función de los trabajos y deudas kármicas pendientes. Por eso la rueda del Zodiaco no va en el orden expuesto, sino que primero es el signo de Aries, uno de fuego, y después le sigue

Tauro, uno de tierra, y así, según vemos en la representación gráfica conocida, hasta llegar a Piscis, el último signo de este diagrama. Este es también el orden de los signos en el año natural que va desde 21 de marzo al 20 de este mismo mes del año siguiente, aproximadamente.

El resultado de nacer una y otra vez en la Tierra, contraer deudas kármicas y no poder pasar tras la muerte más allá del mundo del deseo (o sea, el hecho de seguir involucionando) puso en peligro el ascenso para la gran mayoría de los seres humanos, que se deleitaban viviendo una vida material y no hacían nada por mejorar. De tal forma que volvían una y otra vez a la Tierra, mediante las encarnaciones sucesivas de su espíritu, sin nada, o casi nada, aprendido para seguir creciendo.

Ya hemos dicho que el hombre aprende a través de los errores que va cometiendo, puesto que ninguna de las cosas conseguidas a través de ellos permanece para siempre, sino solo las que están de acuerdo con la dinámica de la Ley Divina o Cósmica.

Así que todos aquellos que no aprendían se iban haciendo cada vez más densos e iban perdiendo la conciencia de su ser divino, se tornaban más y más materiales sin darse cuenta de que lo material no existe sino por lo espiritual. En efecto, la energía divina es la que sustenta al cuerpo y no al revés

Como los dioses ya sabían que esto podría ocurrir, idearon enviar a uno de ellos a la Tierra para que, mediante su ejemplo, los hombres pudieran recibir el impulso necesario para poder elevarse de nuevo, esto es: aprender, a través de su enseñanza y sacrificio, las claves necesarias para trabajar en el mundo, deshacer el espejismo de los sentidos y elevarse al mundo mental.

Este Ser, como hemos dicho anteriormente, es el que fue conocido en la antigüedad por diversos nombres, y que en Occidente se conoce con el nombre de Cristo.

Antes de su encarnación en la Tierra, hubo otros seres espirituales que prepararon su camino. Estos fueron los más evolucionados, los que precedieron a los demás seres humanos en el camino de ascenso. En Grecia, en la India, en Persia... nacieron varios de ellos. Krishna, Buda, Hermes, Moisés, Pitágoras, Platón, Zoroastro...[5] . Todos ellos dejaron enseñanzas valiosísimas para la Humanidad. Pero, como hemos visto, no todos los seres humanos caminan a un ritmo, es más, estos seres hicieron grandísimos esfuerzos por evolucionar, y por eso consiguieron llegar a ese nivel. Uno de estos grandes iniciados fue el conocido en Palestina en el siglo primero con el nombre de Jesús, un ser que se preparó especialmente, durante muchas encarnaciones, para albergar a Cristo. Jesús y Cristo eran distintas entidades, el primero pertenecía a la oleada

---

5 Ver *Los grandes iniciados*, de Edouard Schuré.

de vida humana; y el segundo era un dios. Jesús dejó su cuerpo a Cristo, ya que Cristo nunca había estado encarnado y, parece ser, que la única manera de encarnar era a través de otro ser humano.

Así que los dos quedaron unidos y a la entidad resultante se la conoció como Jesús Cristo (o Jesucristo). Hecho que ocurrió cuando fue bautizado por Juan el Bautista. En algunas traducciones del *Evangelio de Lucas* y del *Evangelio apócrifo de los ebionitas*, se describen las palabras de Dios, después del bautizo, de la siguiente manera:

«*Tú eres mi Hijo amado, y Yo te he engendrado hoy*»

Lo que viene a ser lo mismo que: «hoy has nacido en un cuerpo humano», ya que Jesús (el ser humano) había nacido hacía unos 30 años, más o menos.

Los evangelistas dan mucha importancia a este bautizo, ya que ninguno de ellos lo omite y, además, siempre lo ponen como el inicio de Su Misión.

Iniciación para todos

Con el advenimiento de Cristo y la realización de su Misión, se abre la puerta a la iniciación para todos. Ahora ya no importa la condición del ser humano: esclavo o señor, pobre o rico, joven o viejo... Todos, absolutamente todos, tienen acceso al Árbol de la Vida, si se acogen al impulso del Gran Ser que ha venido a la Tierra, si contemplan su vida, si siguen sus enseñanzas…

Yo soy la puerta de las ovejas. Todos los que antes de mí vinieron, ladrones son y salteadores; pero no los oyeron las ovejas. Yo soy la puerta; el que por mí entrare, será salvo; y entrará, y saldrá, y hallará pastos. El ladrón no viene sino para hurtar y matar y destruir; yo he venido para que tengan vida, y para que la tengan en abundancia.

Juan 10: 8-10

Si se interpretan correctamente estas palabras, podemos decir que el camino más seguro que conduce a poder comer del fruto eterno es el que Él nos ha dejado. Su vida es un Manual, una guía segura para no desviarse del camino y poder ascender desde cualquier situación en que nos encontremos. Todas las voces anteriores, todos los que se atribuyen sus poderes, todos los que utilizaron y utilizan la violencia para conquistar tierras… no son sino ladrones y asesinos.

«Por sus frutos los conoceréis», dijo en otra ocasión. Y, efectivamente, nadie que utilice malas formas para convencer o transformar la personalidad del ser humano puede ser reconocido como alguien con una misión Divina. Los frutos que un profeta o enviado Divino ha de tener se basan en las 9 Bienaventuranzas, que Jesús Cristo nos da en el Sermón del Monte (ver el siguiente capítulo: Guía del peregrino).

¿Cómo reconocen las ovejas, esto es, nosotros, que el que nos habla es el Cristo? Primero, e importantísimo, por sus frutos; y segundo, porque despierta en nosotros el Amor y la alegría de vida en abundancia, o sea, de vida eterna.

Cristo era el esperado, el elegido, el Hijo de Dios que venía al mundo para mostrar el camino de los caminos, el que en verdad conduce al Padre. Toda su vida está basada en señales, guías, carteles que nos van marcando el itinerario que debe seguir el alma para no perderse.

A los seres humanos se nos ha llamado peregrinos, lo que significa que nuestro espíritu se encuentra en tierras extrañas, estamos aquí de paso, y vamos camino de nuestra verdadera patria, que es el Cielo. Pero nuestro error más grave es confundir la tierra extraña con la verdadera. Por eso, desde los lugares sagrados, los dioses se empeñan en que descubramos las señales que nos dejan para que podamos seguir nuestra ruta sin fijarnos en los cantos de sirenas.

En España disponemos del Camino de Santiago, senda que recorren muchos peregrinos a lo largo del año. El Camino es, simbólicamente, el recorrido del alma para llegar al Santuario de Santiago y quedar limpio de *pecado*. Un camino iniciático, en cuyo recorrido, de forma sincera, muchos han obtenido la iluminación. Pero este es un sendero físico que pone en marcha en el alma las fuerzas que llevan al despertar o al renacimiento, o sea, a la iniciación.

Muchos son los caminos físicos y ritos que han sido puestos a nuestra disposición para obtener la iluminación. Algunos modernos y otros más antiguos, como, por ejemplo, el de los templos griegos, donde se encerraba, a los que estaban preparados para la iniciación, durante 3 días en una especie de estado letárgico semejante a la muerte; pasados los cuales, el aspirante volvía a la vida recordando lo que había visto y oído en los otros mundos y que no podía revelar a nadie, bajo pena de muerte.

El camino que se encuentra en los evangelios es uno interior que sirve para todos en el lugar donde se encuentren. No es necesario que recorran ningún camino físico, sino el del alma, mediante la comprensión y el discernimiento de las señales que nos han sido legadas por los apóstoles. Y, además, no ocurre como en los tiempos griegos, que no se podía contar lo que se había vivido en esa experiencia, sino todo lo contrario, cuanto más se cuente y a más gente, mejor.

Ya hemos visto cómo Dios, a través de los iniciados anteriores a Jesús, había ido poniendo pistas en el camino para que los seres humanos las detectasen y pudieran avanzar. Pero una pista mayor, una guía más grande, tenía que ser dada por los mismos dioses. Uno de los suyos debía encarnar para dejar el manual más completo que jamás haya existido. Un manual ejemplar, un itinerario perfecto para el alma humana, que comienza desde el bautismo de Jesús, con la incorporación en él del espíritu de Cristo, hasta su sacrificio final de muerte en la cruz.

Toda la vida posterior de Jesús Cristo está llena de mensajes para no desviarse del camino que conduce al Árbol de la Vida.

Pero también, dos acontecimientos anteriores, que tienen que ver con el humano Jesús: su nacimiento en un pesebre y su predicación en el Templo a la edad de doce años, nos ayudarán a interpretar los símbolos que nos conducirán a poder comer del fruto del Árbol de la Vida.

En el siguiente capítulo veremos cuáles son todos estos hechos y descifraremos en parte, desde nuestro punto de vista, sus mensajes más importantes.

Capítulo 3

Guía del peregrino

Desde su nacimiento hasta su sacrificio, la vida de Jesús y la de Cristo, junto con sus enseñanzas, constituyen un itinerario que conduce al Padre.

Kabaleb

*L*a guía más grande dada a la Humanidad para llegar al Reino del Padre, como ya hemos señalado, está en *La Biblia*, que, al igual que *El Bhagavad Gita* y otros textos sagrados en Oriente, hay que interpretarla simbólicamente, ya que otra interpretación es, sencillamente, una locura. Una interpretación espiritual en profundidad ha sido dada por Kabaleb, un gran iniciado del siglo XX. Pero nosotros nos centraremos en lo que constituye nuestra guía de guías, dada a la Humanidad a principios de nuestra Era: la crónica sagrada de los evangelios. No se trata de desmenuzar linea por linea su significado espiritual, sino de trazar las ideas más generales, que, sin embargo, nos servirán para iniciar nuestro camino fijándonos en los símbolos que nos ayudarán a conquistar la llave que nos dará acceso al Árbol de la Vida.

Comparemos, en primer lugar, el nacimiento de Jesús con los acontecimientos cósmicos.

¿Qué sucede en el Universo que tenga semejanza con el hecho físico ocurrido en Palestina en el siglo primero? Veamos.

Cuando alzamos nuestros ojos hacia el Sol e intentamos comprender su recorrido anual, lo que hacemos es ver a Jesús nacer todos los años llenando de energía y vida nuestro planeta y salvándonos de una muerte segura. El Sol durante este recorrido parece, en efecto, imitar año tras año el nacimiento, muerte y resurrección de Jesús Cristo. Veamos cómo:

En el solsticio de invierno el Sol inicia su recorrido hacia el hemisferio norte (en el hemisferio sur es en el solsticio de verano). El Sol vuelve (renace) para iluminar y dar vida a los seres que habitan en la Tierra. Si no lo hiciese, todos los seres que viven en esa parte del planeta morirán de hambre y de frío. La noche terminaría por ganarle el terreno al día, ya que, a partir de esta fecha, los días empiezan a ser más largos y las noches más cortas, justo al revés de lo que venía siendo hasta ese momento. Este hecho tremendamente simbólico, que pasa desapercibido para muchos seres humanos, tiene mucho que ver con el hecho histórico que se narra en los evangelios, al igual que la Tierra en su rotación diaria, pues el Sol se aleja una y otra vez (la Tierra, al girar sobre sí misma, expone una parte de su superficie al Sol, mientras la otra parte permanece en tinieblas durante la noche), pero siempre vuelve a ser alumbrada (renace).

En este sentido, el hecho histórico parece haber existido para hacernos llamar la atención sobre este continuo acontecimiento cósmico: El Ser, enviado para *salvar a la Humanidad,* nace en la noche del 24 de diciembre (tres días después del solsticio de invierno), y su misión es la misma: proveer a la Humanidad de la luz y el calor que la mantendrán en vida y la elevarán hacia el mundo divino.

Cuando los seres humanos llegaron a un estado de descenso al mundo de los sentidos y habían olvidado por completo su origen divino y las fuerzas que lo mantenían en funcionamiento; es decir, cuando parecía que todo era material y la esencia espiritual no existía, apareció la «Luz que alumbra a todo hombre», para salvarlos de un olvido completo, que les impedirá iniciar el camino de ascenso.

El ser que ha de albergar al Cristo nace de noche en una cueva donde las tinieblas son más densas.

El Sol nace en el solsticio de invierno, en la noche más larga del año (cuando las tinieblas son más densas).

Lo que viene después es la luz del mundo, que es la Vida. Apartarse de esta Luz es apartarse de la Vida, sencillamente no es posible, ya que significaría la

Natividad de Cristo. Francesco di Giorgio Martini.

muerte del ser que nos habita y nos da la energía que nos permite vivir.

Cristo es una fuerza que ha de despertar en nuestro interior para transformar por completo nuestra personalidad. Por eso, el camino que Él recorre debe ser el itinerario del alma. Pero esto no significa que hemos de ir a Jerusalén y hacer lo que Él hizo, sino que tenemos que analizar los símbolos desde un punto de vista espiritual y, al entenderlos, removerán nuestro interior para iniciar el proceso de cambio. El camino que hemos de seguir es un camino interior, y por eso necesitamos analizar lo ocurrido desde un punto de vista simbólico. Muchas de las frases que dijo el gran maestro ya han sido ampliamente analizadas y comprendidas desde este punto de vista, como, por ejemplo:

El talento, que era una moneda en aquel tiempo, pero a raíz de *la parábola de los talentos*, explicada por Cristo, ahora tiene otro significado completamente distinto: especial capacidad intelectual o aptitud que una persona tiene para aprender las cosas con facilidad o para desarrollar con mucha habilidad una actividad.

Ver la paja en el ojo ajeno, y no la viga en el propio, es otro de los dichos de Jesús Cristo que todo el mundo repite para hacer notar que somos más propicios a ver los defectos de los demás que los propios, a pesar de que estos pueden ser mucho más gordos.

Podríamos seguir dando ejemplos de este tipo, pero entremos de lleno en la historia y saquemos de ella las directrices para hacer nuestra propia guía y poder consultarla a lo largo del sendero.

Antes de entrar de lleno en la interpretación, tenemos que tener en cuenta el objetivo de este recorrido, el cual hemos dicho que es conseguir la llave que nos abrirá la puerta para entrar en el Reino, o, lo que es lo mismo, conseguir la iniciación, esto es, despertar de nuestro sueño y ver lo que está más allá, lo que hay detrás de todo lo que vemos con los ojos físicos. Para hacer esto, hemos de echar un vistazo en nuestro interior y ver qué es exactamente lo que tenemos que cambiar para conseguirlo. A grandes lineas, lo que tenemos que cambiar es al proveedor de nuestras energías, las energías que demandamos para transformarlas en hechos. Me explicaré un poco mejor:

Cuando ocurrió la Caída, unos seres, los luciferes, se instalaron en el interior del ser humano, en su cuerpo de deseos. Desde entonces, los deseos que tenemos no son precisamente los que vienen de arriba, de los ángeles, sino los de abajo, de los luciferes. La misión de Cristo es precisamente esa, la de echar a los luciferes de nuestro interior para dar paso a los ángeles y, después, a los arcángeles.

En nuestro interior, esas energías se manifiestan en forma de tendencias, de deseos, que demandan una calidad energética de acuerdo con nuestra forma de actuar, esa calidad energética nos es proporcionada por los luciferes. Así pues, nuestra principal toma de conciencia ha de ser echar un vistazo en nuestro interior y ver de qué energía nos estamos alimentando[6]. Una vez hayamos tomado conciencia, estaremos preparados para iniciar el desalojo del proveedor de energías, que, y esto es muy importante, nunca será por la fuerza, ya que podría sobrevenirnos algo peor, sino poco a poco, según se nos dice en la guía de la crónica sagrada de los evangelios. Hay que tener en cuenta que, en la mayoría de los casos, habrá que dar la vuelta a esas tendencias o formas de ser. Se trata de conseguir que las energías que demandemos a partir de ahora sean las de los ángeles, y así habremos cambiado al proveedor. ¿Cómo lo podemos hacer? Elevando la vibración de nuestros deseos.

El Sermón del Monte: un anticipo del cambio de nuestra personalidad

Jesús Cristo nos ofrece un anticipo de lo que llegaremos a ser cuando seamos transformados, cómo debe cambiar nuestra personalidad hasta alcanzar los distintos estados expresados en las Bienaventuranzas, y también cómo conseguirlos, en su famoso discurso

---

6 En este sentido, pueden ayudarnos las siguientes obras: *Los ángeles al alcance de todos* y *Los dioses internos,* de Kabaleb; y mis obras: *Ángeles protectores* y *Ángeles, las fuerzas ocultas del Universo* (estas últimas publicadas por esta misma editorial).

del Sermón de la Montaña. Estos 9 estados describen al hombre tal como debe ser antes de poder vivir en la Casa del Padre o, como Él lo definiría muchas veces, antes de entrar en el Reino de los Cielos.

Pero, si nos damos cuenta, no expresan una forma de ser que esté acorde con la personalidad general de nuestra época, sino más bien lo contrario. En efecto, Cristo viene a dar la vuelta a las cosas hasta ahora normales, y con sus Bienaventuranzas las convierte en anormales, ya que aquellas son más bien formas de ser materialistas. En lo que ha de llegar a convertirse el hombre para poder entrar en le Reino lo expresa de la siguiente manera:

Y le siguió mucha gente de Galilea, de Decápolis, de Jerusalén, de Judea y del otro lado del Jordán.

Viendo la multitud, subió al monte; y sentándose, vinieron a él sus discípulos. Y abriendo su boca les enseñaba, diciendo:

Bienaventurados los pobres en espíritu, porque de ellos es el reino de los cielos.

Bienaventurados los mansos, porque ellos recibirán la Tierra por heredad.

Bienaventurados los que lloran, porque ellos recibirán consolación.

Bienaventurados los que tienen hambre y sed de justicia, porque ellos serán saciados.

Bienaventurados los misericordiosos, porque ellos alcanzarán misericordia.

Bienaventurados los de limpio corazón, porque ellos verán a Dios.

Bienaventurados los pacificadores, porque ellos serán llamados hijos de Dios.

Bienaventurados los que padecen persecución por causa de la justicia, porque de ellos es el Reino de los Cielos.

Bienaventurados sois cuando por mi causa os vituperen y os persigan, y digan toda clase de mal contra vosotros, mintiendo.

Gozaos y alegraos, porque vuestro galardón es grande en los Cielos; porque así persiguieron a los profetas que fueron antes de vosotros.

Mateo 5:1-12

Nótese, en primer lugar, que no se trata de esforzarse aquí para conseguir llegar a esos estados, sino que se dan por conseguidos. Es decir, son bienaventurados los que son así, no los que se esfuerzan en serlo. Pero, evidentemente, para poder llegar a ser de esa manera hay que alcanzarlo a través de unos deseos y un comportamiento que se repetirá durante mucho tiempo. Pasa lo mismo con cualquier cambio que queramos hacer en nuestra personalidad; primero, hemos de dejar de comportarnos de la antigua manera de ser y, algún día, ya nos comportaremos de la nueva sin darnos cuenta, habiendo olvidado por completo cómo nos comportábamos antes. Los hábitos negativos habrán sido reemplazados por los positivos.

Pero estudiemos un poco cómo son estos estados, cuál puede ser su significado desde un punto de vista espiritual.

«Bienaventurados los pobres en espíritu, porque de ellos es el Reino de los Cielos».

El pobre en espíritu lo es, no porque carezca de riqueza espiritual, sino porque siendo pobre puede recibir siempre lo que le dan. Al igual que el rico en la sociedad, que no necesita que le den nada material porque ya dispone de lo que quiere, el rico espiritual tampoco necesitará nada y, de esta manera, impedirá que se le den más conocimientos espirituales. El rico en espíritu vendría a ser igual al soberbio que se dice: «No necesito ningún conocimiento más, ya lo sé todo, nadie puede decirme nada nuevo». No así el pobre, que siempre estaría dispuesto a recibir más y, de esta manera, seguiría avanzando en el camino evolutivo.

Ser pobre en espíritu, esto es, estar siempre dispuesto a recibir alimento espiritual, es un requisito para poder llegar a percibir un día el Reino de los Cielos. Ya sabemos que este se encuentra en nuestro interior y si nos negamos a seguir alimentando la semilla crística, si no la seguimos regando, si no nos acogemos al impulso que Jesús Cristo nos da, esta no crecerá y, por tanto, no llegaremos a lo que tenemos que llegar, a

El sermón de la montaña. Gustavo Doré.

la iluminación, la cual nos pondrá en contacto con el mundo espiritual.

Bienaventurados los mansos, porque ellos recibirán la Tierra por heredad.

Esta Bienaventuranza nos promete la Tierra por heredad. ¡Casi nada! En el actual estado de cosas es completamente al revés: la Tierra se consigue por la violencia y la conquista a través de la opresión, aunque en muchos aspectos se va cambiando la violencia por el convencimiento con la palabra, lo que denota que vamos evolucionando. Pero esta forma de obtener la Tierra no es permanente, sino pasajera, ya que lo que se consigue así, en otra vida, de una u otra manera, hay que pagarlo mediante la ley kármica.

La Tierra que nos promete Jesús Cristo, si somos mansos, no es esta pasajera, sino una permanente, ya que la obtendremos por merecimiento y no por desposeer a nadie de lo que justamente le corresponde.

La vida de Jesús Cristo, desde su Bautismo hasta el Gólgota, es un ejemplo de mansedumbre. La mansedumbre nos permitir liquidar nuestro karma. Los mansos no heredarán la Tierra porque sí, sino porque cortan los lazos del karma negativo, no se recrean en relaciones kármicas interminables, perdonan a sus enemigos y admiten lo que estos puedan demandarles, pues entienden que se trata de una relación kármica que hay que terminar, y la única forma es admitiendo que lo que les piden es justo, ya que ellos se lo quitaron o le hicieron esa faena en esta o en una vida anterior.

La mansedumbre nos llevará a una tierra de libertad, donde ya nadie nos podrá exigir nada, sino que lo que tenemos nos pertenecerá por derecho propio. Allí podremos vivir en paz y en libertad hasta que lleguemos a la verdadera Tierra, la Tierra Espiritual o Reino de los Cielos. Esta tierra temporal que se alcanza con la mansedumbre, será una tierra de paso, una parcela, una extensión, que nos permitirá realizar nuestros propósitos espirituales y disfrutar de ella. Una tierra, un terreno, no es del que lo gobierna, sino del que lo disfruta, del que lo entiende como bendición y paso para realizar su gran misión: desarrollar el Amor altruista para poder entrar en la Tierra Verdadera, la Espiritual.

«Bienaventurados los que lloran, porque ellos recibirán consolación».

Con esta Bienaventuranza se nos dice que recibiremos consolación. Y ¿qué es lo que espera alguien que llora? Lo primero es ser consolado.

El llanto viene después de una aflicción, de un desconsuelo. Y esta aflicción no es propia del mundo divino, sino de la consecuencia de un mal actuar a lo largo de las distintas reencarnaciones. Lloramos cuando sufrimos un karma negativo en respuesta a nuestra forma de actuar anteriormente, ya sea en esta o en otra vida.

Si tomamos conciencia de este hecho, actuaremos en consecuencia, es decir, liquidaremos el karma, sabiendo que un día se extinguirá y podremos ser libres de sus cadenas. Dicho de otra forma: llegará un día en el que nos habremos librado por completo de nuestras deudas y entonces el consuelo vendrá de una forma natural, como el preámbulo del Reino de Dios.

Bienaventurados los que tienen hambre y sed de justicia, porque ellos serán saciados.

Entendemos aquí por justicia la Divina, no la justicia, a veces arbitraria, de uno mismo o de los demás seres humanos.

Tener hambre y sed de justicia es desear que se aplique la justicia en la Tierra de una forma equitativa. Pero ¿cómo saber cuál es en nuestro paso por este mundo? Muy fácil, una vez más, debemos fijarnos en los grandes iniciados, cómo actuaron en casos de injusticia.

Un ejemplo de hombre justo lo tenemos en el rey Salomón, cuando se presentaron ante él dos mujeres que decían ser madres del mismo niño. El rey pidió una espada y dijo que partiría al niño en dos y daría la mitad a cada una para que estuvieran conformes. Inmediatamente la verdadera madre le pidió que no lo hiciera y se lo entregara a la otra.

Por este hecho, el rey supo que la madre del niño era esta, pues no le importaba quedarse sin él con tal de que el niño siguiera vivo. Así que se lo entregó.

Otro ejemplo es el de Jesús cuando le presentan a la mujer adúltera para lapidarla. Él responde con contundencia: «El que esté limpio de culpa que lance la primera piedra».

Cuando examinemos nuestro deseo de justicia, tenemos que estar seguros de que no es un deseo de venganza lo que queremos que se lleve a efecto, sino pedir que sea la justicia Divina la que actúe, y, mucho menos, aplicar nuestra justicia arbitraria o tomar partido por ideología o sentimiento personal o de grupo a la hora de juzgar. En esta misma linea, más adelante se nos dice que no debemos juzgar para no ser juzgados. Porque es con la misma medida con la que juzguemos se nos juzgará.

La verdadera justicia equilibra la balanza y deja las deudas a cero.

Cuando entendamos cómo actúa la verdadera justicia, la espiritual, y tengamos hambre y sed de ella, es decir, deseemos que todo el mundo equilibre su balanza, entonces seremos saciados y estaremos preparados para acceder al Mundo de Dios, ya que entenderemos el *cómo* y el *porqué* ocurren ciertas cosas aparentemente injustas en la Tierra, aunque nos daremos cuenta de que son tremendamente justas desde el punto de vista espiritual.

Bienaventurados los misericordiosos, porque ellos alcanzarán misericordia.

Esta Bienaventuranza lleva implícito el perdón, virtud que limpia el Universo de escoria y nos hace partícipes del Amor Divino.

La misericordia se compadece de las miserias ajenas y perdona sin tener en cuenta lo que la persona haya podido hacer anteriormente. Ni siquiera se plantea si esa persona lo merece o no. Quien se enfrenta al dolor y sufrimiento ajenos, habiendo llegado a este estado de bienaventuranza, está dispuesto a perdonar una y otra vez, porque entiende que él ha podido cometer actos peores. Haciéndolo así sabe que contribuye a elevar el nivel vibratorio de la Tierra porque limpia la atmósfera de pensamientos y sentimientos de venganza.

Este comportamiento hará que se derrame, sobre quien así actúa, la Misericordia Divina. Lo contrario: el odio y la venganza, contribuyen a crear más odio y más venganza, enredando a la persona y, como consecuencia, a la Humanidad, en lazos kármicos interminables, que harían imposible entrar en el Reino de los Cielos, ese Reino de Amor que debe instaurarse primero en el corazón de los hombres.

Bienaventurados los de limpio corazón, porque ellos verán a Dios.

Tener el corazón limpio es otra cualidad a la que debemos aspirar. Pero ¿cómo se limpia el corazón? Ya dijo Cristo que lo que sale del hombre es lo que le contamina porque sale de su corazón. Si uno tiene el corazón contaminado, no podrá sacar cosas buenas y la Humanidad se contaminará por esta maldad, que dará lugar a más maldad entre los que le rodean.

¿Cuál es el camino para limpiarse cuando el corazón ya ha sido contaminado? Seguir el camino trazado por los iniciados y, principalmente, por el maestro de maestros, Cristo. Elegir siempre el camino del bien de entre todos los caminos posibles. Si nos acogemos al impulso crístico, el mal desaparecerá de nuestro corazón; poco a poco, nuestro karma se irá limpiando hasta que llegue un día en el que desaparezca por completo. Es decir, cuando decidimos voluntariamente seguir el impulso que se nos ofrece a través de Cristo, acogemos la semilla que, tarde o temprano, terminará purificándonos.

Muchos dirán: ¿Pero por qué tengo yo que estar contaminado, si no he hecho nada malo? Ya hemos visto que nuestro descenso al mundo de los sentidos para adquirir la autoconciencia ha hecho que nuestros vehículos quedasen sometidos a la influencia luciferiana, que nos ha llevado a cometer toda clase de imprudencias que han podido manchar nuestra voluntad y dirigirlas hacia actos contrarios a la Ley Divina. Esto ha hecho que contraigamos deudas kármicas que se han ido haciendo cada vez más pesadas. Pero llegó un momento en que un ser espiritual fue enviado a la Tierra para hacer que la caída del ser humano en el mundo de los sentidos no se hiciera peligrosa para la Humanidad. De esta manera, la influencia luciferiana quedó neutralizada por la misión de Cristo. Si nos acogemos a su impulso, iremos abriendo, poco a poco, nuestro *sexto sentido* hacia el mundo espiritual. Esto hará que, algún día, nuestra voluntad se dirija hacia las cosas que nos convienen desde la perspectiva espiritual y dejaremos de hacer lo que no nos conviene, lo que nos ata a la cadena kármica. Siguiendo esta dinámica, llegará un día en el que se produzca esa purificación de la que habla la Bienaventuranza, que nos conducirá a contemplar el Reino Divino y, según se nos anuncia, también podremos contemplar el mismísimo rostro de Dios.

Bienaventurados los pacificadores, porque ellos serán llamados hijos de Dios.

«Esto es fácil —debe estar diciendo el lector para sí mismo—, yo soy pacífico y estoy a favor de la paz mundial, hago manifestaciones que lo demuestran». Eso está muy bien y, probablemente, sea cierto, pero al llegar aquí hemos de hacer una profunda reflexión acerca de lo que significa ser un pacificador.

Ya hemos dicho que las Bienaventuranzas son 9 estados de ser a los que se llega antes de poder entrar en el Reino. La 7ª Bienaventuranza no ha de ser menos.

Así que lo primero que tenemos que revisar es hasta qué punto hemos conseguido pacificarnos a nosotros mismos para después exportar esa paz al mundo exterior. En la actualidad, hay muchas manifestaciones a favor de la paz mundial, y eso nos da a entender que la gente ha cambiado mucho desde que manifestarse en este sentido era considerado de gente débil y cobarde. Pero si nos fijamos en las vidas que llevan quienes las protagonizan, muchos de ellos no son precisamente pacíficos en su forma de ser, sino que, al menor cambio, actúan de forma violenta, tanto física como mentalmente. Para pacificar el mundo es preciso llevar la paz primero a nuestro interior, pacificar nuestro mundo interno hasta que forme parte de nuestra personalidad, hasta que, ante cualquier provocación, no respondamos con violencia en ningún sentido, sino con Inteligencia y Amor. Solo de esta forma podremos ser pacificadores auténticos y esa paz será derramada al exterior, de forma natural, sin tener que hacer mucho por nuestra parte.

Pero ¿por qué hay una guerra en nuestro interior?, ¿por qué respondemos con agresividad ante los demás? Por las distintas opiniones referentes a ideas contrarias a lo que nosotros pensamos, que penetran en nuestro interior; por las ideas y sentimientos nuevos que pelean contra los antiguos, oponiéndose. En este sentido, unas ideas y sentimientos se oponen a otros y nuestra voluntad queda dominada por los vencedores. Pero las ideas y opiniones distintas no tienen nada que ver con la Verdad. Y buscar la Verdad es lo que nos llevará, al final, a encontrarla y poder ser libres, como dijo el Gran Maestro.

Al buscar la Verdad de corazón, en ideas y sentimientos, se derramarán en nosotros las virtudes espirituales que nos pondrán en camino de hallarla. Y algún día nuestra voluntad quedará impregnada de su esencia y seremos hombres de buena voluntad, haciendo realidad las palabras que el ángel dirigió a los pastorcillos que andaban por los alrededores del lugar donde se produjo el nacimiento de Jesús:

«Paz en la Tierra a los hombres de buena voluntad»

Cuando nuestra voluntad quede impregnada de la Verdad, ya dejaremos de opinar y hablaremos conforme a ella, a la justicia Divina, a lo que es en esencia y no a una opinión formada con pensamientos y sentimientos luciferianos.

Vemos también que los pacificadores son llamados hijos de Dios. Esto es porque los que, al llegar a ese estado, han conseguido una madurez espiritual en la que el Cristo ya es una realidad y han transformado en ellos toda su personalidad. El Cristo ha nacido y ha crecido y, por tanto, ya se puede decir que, igual que Él es el Hijo de Dios, los que se han hecho semejantes a Él también son llamados así.

Bienaventurados los que padecen persecución por causa de la justicia, porque de ellos es el Reino de los Cielos.

Esta justicia no es, claro está, la Justicia Divina, sino la de aquí abajo, la de la Tierra. Si los jueces persiguen a los que proclaman el Reino de los Cielos, es porque su justicia va más en la linea de los luciferes, que ven una amenaza en aquellos que anuncian la Buena Nueva, un nuevo orden de cosas que amenaza su reino, el reino terrenal, gobernado por los reyes de la Tierra.

Si el nuevo orden se implantara, los gobiernos no tendrían nada que hacer, dejarían de tener los privilegios que ahora tienen y su reino no tendría razón de ser. Por eso persiguen a los que proclaman el Reino de Cristo, a los que, con su ejemplo y su moral, están enseñando un nuevo modo de entender la justicia, fundamentado en la Justicia Divina.

Las personas que se comportan de esta manera ya han superado la ley antigua y viven de acuerdo con las normas Divinas que rigen en el Reino que ellos han conquistado. Por eso, esta Bienaventuranza dice que de ellos es el Reino de los Cielos, un Cielo que no podrán arrebatarle los que los persiguen por mucho que se empeñen.

Bienaventurados sois cuando por mi causa os vituperen y os persigan, y digan toda clase de mal contra vosotros, mintiendo.

Gozaos y alegraos, porque vuestro galardón es grande en los Cielos; porque así persiguieron a los profetas que fueron antes de vosotros.

Esta última Bienaventuranza es semejante a la anterior, y aquí se nos recuerda que no debemos afligirnos por esto, sino alegrarnos y gozarnos, porque también así fueron perseguidos todos nuestros hermanos, los que llegaron a este punto antes que nosotros. Y se nos compara con los grandes, con los profetas; se nos equipara a ellos, a la importancia que tienen en el orden Divino, lo que nos recuerda nuestro verdadero rango de hijos de Dios.

Quienes nos insultan y dicen males contra nosotros, no nos pueden hacer daño, porque lo que dicen de nosotros no es verdad. Nosotros hemos de poner la vista en lo que tenemos por delante, que es el Amor, tenemos que transmutar su odio, no dejar que se siga propagando, por lo menos no a través de nosotros. Y sabemos que esto es así porque lo que estamos poniendo en movimiento, nuestra forma de comportarnos, ya no obedece al comportamiento humano sino al Divino. Lo que ahora nos interesa no es lo que se cuece en el mundo material, con sus leyes injustas, con su mal, con su rueda kármica incesante, sino vivir de acuerdo con la Ley Cósmica, que nos impele a hacer el bien, para que el Reino de Cristo se instale lo antes posible en todos los corazones, donde imperará la Ley del Amor, la cual suplantará a la antigua ley, porque la habrá integrado en su interior. Hemos salido de la rueda kármica y así hemos de notificarlo a los que aún siguen viviendo en ella.

Este es el destino que espera a todos los que, en uno u otro momento, han aceptado acogerse al impulso de Cristo. Llegará un día en que habrán dejado atrás todas las penalidades del mundo material y su personalidad será transformada en cada una de las 9 Bienaventuranzas. La semilla de Cristo habrá dado su fruto y se abrirá ante la persona el nuevo mundo, que será totalmente contrario al que hasta ahora había conocido. Pero para llegar a eso tendrá que seguir un camino que va desde el mundo de los sentidos al mundo espiritual, el cual, como hemos dicho, se ha trazado de forma general en los evangelios, por la misma vida del Cristo y los acontecimientos que ocurren a lo largo de su ministerio público.

Pasos para alcanzar la Iniciación

Habiendo entendido cuáles son los cambios que esperan a nuestra personalidad, entremos ya en el sendero para conseguirlos, provistos de la gran guía, que resumiremos en 14 pasos, ya que creemos que son los más importantes de este manual sagrado para llegar al Árbol de la Vida:

1.- El Nacimiento de Jesús

2.- El Niño Jesús en el Templo

3.- El Bautismo o Nacimiento de Cristo

4.- La Tentación

5.- La Elección de los 12 Apóstoles

6.- La Curación del Ciego

7.- La Transfiguración

8.- La Entrada Triunfal en Jerusalén

9.- La Expulsión de los Mercaderes del Templo

10.- El Lavatorio de los Pies

11.- Getsemaní

12.- Crucifixión

13.- La Resurrección y la Ascensión

14.- La Nueva Jerusalén

El Nacimiento de Jesús

La historia sagrada de los evangelios comienza con el nacimiento de un niño. No se trata de un niño cualquiera, sino del que un día ha de albergar a Cristo. Se nos dice que nace de una virgen. ¿Qué pueden significar estos acontecimientos?

Si contemplamos la historia como hechos que ocurren en nuestro interior, podemos ver a los personajes como tendencias, como hábitos, y aquí el terreno virgen del cual ha de nacer el niño es un espacio interno, donde nacerá el que ha de despertar al ser que yace dormido en nuestro interior, al Cristo. Este terreno virgen lo hemos estado trabajando durante mucho tiempo, quizá en el transcurso de varias encarnaciones. Se trata de un espacio puro, sin mancha, que hemos conseguido por el hecho de nuestro buen comportamiento y de hacer el bien de forma repetida.

La Virgen María y San José, padres del niño, representan esa voluntad (San José) y esa tierra o espacio puros (la Virgen María) que se consiguen al trabajar de forma reiterada en la dirección del Bien.

Pero este niño que acaba de nacer está destinado a reinar un día sobre todas nuestras tendencias, proclamarse rey de nuestra voluntad, y es por eso por lo que representa una amenaza para la tendencia ahora reinante, que es nuestro *yo inferior*, simbolizado en este caso por el rey Herodes. Como es bien sabido, este rey mandó asesinar a todos los niños menores de 2 años que habían nacido en su reino, pero el niño Jesús escapó a esta matanza por el hecho de que sus padres lo llevaron a Egipto, haciendo caso a la voz del ángel que escucha San José en sueños.

Esta historia es un arquetipo de lo que ocurre constantemente en el mundo. Toda idea nueva que surge para avanzar en el terreno evolutivo, representa una amenaza para las ideas que se encuentran en el poder, porque ven amenazado su reino y, por lo tanto, intentarán liquidar a todo el que represente esa amenaza. Si la idea nueva no sigue una estrategia de esconderse en algún lugar hasta que se haga un poco mayor, no prosperará. En nuestro caso, se esconde en Egipto, que simboliza el mundo anterior y conocido.

O sea, al igual que el bebé que acaba de nacer es todavía débil, así es en nosotros la tendencia espiritual que nos ha nacido. Por eso, aún debemos ser prudentes y no exponerla a la vista de la tendencia reinante para que no acabe con ella. En este sentido, debemos dejar que siga creciendo, pero ¿cómo hacemos esto? Siguiendo las directrices de la historia sagrada, esto es, escondiéndonos de la tendencia dominante en nuestra voluntad, lo que viene a ser, no dejar que se nos vea el plumero, trabajar en ella, regarla, alimentarla, pero no aislarnos por completo de nuestra antigua forma de ser y de actuar. Seguiremos siendo los mismos, pero, poco a poco, iremos alimentando al niño (la tendencia espiritual), aislándonos cada día en meditación, trabajando por el bien de la Humanidad, pero sin que este hecho ocupe, de momento, todo nuestro tiempo. Hemos de trabajar en lo nuevo, pero de forma discreta, cada día escogeremos ocuparnos de lo espiritual, aunque solo sean cinco minutos de meditación y, poco a poco, iremos ampliando el tiempo, sin que se note, hasta que un día dediquemos todo nuestro tiempo al trabajo espiritual. Si lo hacemos bien, Herodes no podrá exterminarnos y llegará el día en que lo desalojemos del poder de nuestra mente.

El Niño Jesús en el Templo

El siguiente faro indicador se encuentra en el episodio del niño Jesús perdido en el templo de Jerusalén.

Al regresar ellos, acabada la fiesta, se quedó el niño Jesús en Jerusalén, sin que lo supiesen José y su madre. Y pensando que estaba entre la compañía, anduvieron camino de un día; y le buscaban entre los parientes y los conocidos; pero como no le hallaron, volvieron a Jerusalén buscándole.

Y aconteció que tres días después le hallaron en el templo, sentado en medio de los doctores de la ley, oyéndoles y preguntándoles. Y todos los que le oían, se maravillaban de su inteligencia y de sus respuestas. Cuando le vieron, se sorprendieron; y le dijo su madre: Hijo, ¿por qué nos has hecho así? He aquí, tu padre y yo te hemos buscado con angustia.

Entonces él les dijo: ¿Por qué me buscabais? ¿No sabíais que en los negocios de mi Padre me es necesario estar?

Mas ellos no entendieron las palabras que les habló.

Y descendió con ellos, y volvió a Nazaret, y estaba sujeto a ellos. Y su madre guardaba todas estas cosas en su corazón. Y Jesús crecía en sabiduría y en estatura, y en gracia para con Dios y los hombres.

Lucas 2: 44-52

Desde su nacimiento hasta ese momento no se nos dice nada del niño en la crónica sagrada. De ahí su importancia.

La tendencia que ha de albergar un día al Cristo, o sea, aquella que escapó de las garras de la tendencia dominante (Herodes), ha llegado a la edad de 12 años ilesa, sin sufrir ningún daño, porque ha seguido las indicaciones del camino, esto es, ha trabajado en los asuntos del Padre, pero en lo secreto, sin llamar la atención, sin hacer demasiado ruido. Ahora ya han pasado doce años, doce ciclos, y la tendencia ha llegado a un estado en el que sí puede hablar de los asuntos del Padre a los que pueden entenderle, es decir, a las tendencias internas que son más afines a la espiritualidad. Esas tendencias, al recibir nuevas respuestas con respecto a lo que saben, quedarán maravilladas: «*Y todos los que le oían, se maravillaban de su inteligencia y de sus respuestas*».

Pero los propios padres físicos del niño no entienden por qué hace esto, como padres se preocupan de su hijo. Y la respuesta de Jesús es contundente:

¿Por qué me buscabais? ¿No sabíais que en los negocios de mi Padre me es necesario estar?

¿Por qué las tendencias que dan a luz a la que un día albergará al Cristo no la entienden? Porque el hijo, esto es, la nueva idea ha madurado y va más allá. Su conocimiento excede al de sus progenitores que, aunque muy elevados, no llegan a entender el cambio que este nuevo pensamiento está destinado a realizar en todo su ser.

Lo que debemos retener de este episodio es que cuando el niño nazca en nuestro interior, llegará un día en el que cumplirá doce etapas y ya no le reconoceremos como era, sino que su forma de actuar nos parecerá una locura, porque empezará a experimentar los primeros cambios, que, como sabemos, un día han

Jesús en el Templo. Gustavo Doré.

de ser contrarios al comportamiento normal entre los seres humanos.

Pero no olvidemos que todavía en nuestra psique reina Herodes, ahora en el símbolo de su hijo: Herodes Antipas, y que todavía hemos de ser prudentes con la nueva tendencia, la crística. Por eso, solo hemos de hablar de las nuevas ideas que van surgiendo en nuestro interior con los que pueden entendernos, o sea, con los que están conectados a algún tipo de espiritualidad, que en los escritos sagrados están representados por los doctores de la ley que siguen la religión de Jehová.

Por todo lo anterior, debemos tener especial cuidado en no salir todavía del recinto del templo, es decir, de lo más sagrado que hay en nosotros, porque si no, las demás tendencias que habitan nuestro ser terminarán convenciéndonos y nuestra misión habrá fracasado. Nuestra tarea en esta fase del camino consistirá en convencer a lo más sagrado que hay en nosotros y no ir más allá. Y, como lo de fuera es un reflejo de lo que hay en nuestro interior, en la sociedad hemos de hacer lo mismo: solo hablar de nuestras nuevas ideas espirituales con los que pueden seguirnos, los que representan la moralidad y la espiritualidad en el mundo físico.

El Bautismo o Nacimiento de Cristo

Antes de entrar de lleno en este apartado, analizaremos el Prólogo del Evangelio de San Juan, el cual contiene todo lo necesario para saber quién es el Ser que se encarna en el cuerpo de Jesús.

«En el principio era el Verbo, y el Verbo era con Dios, y el Verbo era Dios. Este era en el principio con Dios. Todas las cosas por él fueron hechas, y sin él nada de lo que ha sido hecho, fue hecho. En él estaba la vida, y la vida era la luz de los hombres. La luz en las tinieblas resplandece, y las tinieblas no prevalecieron contra ella. Hubo un hombre enviado de Dios, el cual se llamaba Juan. Este vino por testimonio, para que diese testimonio de la luz, a fin de que todos creyesen por él. No era él la luz, sino para que diese testimonio de la luz. Aquella luz verdadera, que alumbra a todo hombre, venía a este mundo. En el mundo estaba, y el mundo por él fue hecho; pero el mundo no le conoció. A lo suyo vino, y los suyos no le recibieron. Mas a todos los que le recibieron, a los que creen en su nombre, les dio potestad de ser hechos hijos de Dios; los cuales no son engendrados de sangre, ni de voluntad de carne, ni de voluntad de varón, sino de Dios. Y aquel Verbo fue hecho carne, y habitó entre nosotros (y vimos su gloria, gloria como del unigénito del Padre), lleno de gracia y de verdad.

Juan dio testimonio de él, y clamó diciendo: Este es de quien yo decía: El que viene después de mí, es antes de mí; porque era primero que yo. Porque de su plenitud tomamos todos, y gracia sobre gracia. Pues la ley por medio de Moisés fue dada, pero la gracia y la verdad vinieron por medio de Jesucristo. A Dios nadie le vio jamás; el unigénito Hijo, que está en el seno del Padre, él le ha dado a conocer».

Juan 1: 1-18

Primero, nos dice que quien encarna es el Verbo (o Palabra). ¿Qué debemos entender por Verbo? Según la interpretación de los filósofos antiguos y los primeros cristianos, el Verbo era la palabra creadora que estaba en la mente de Dios, cuya fuerza real creó el mundo. San Juan nos dice aquí que el Verbo se hizo carne y habitó entre nosotros. En este sentido, Cristo era el Hijo de Dios, así como la palabra es hija del pensamiento. Así pues, todos los atributos divinos, como la Voluntad y las ideas de Dios, se encarnaron en el Hijo. Y es a través de Él como algún día llegarán a renacer en todos los hombres.

Vemos también que emplea la palabra «En el principio», y esto nos recuerda aquellas palabras del Génesis: «En el principio creo Dios los cielos y la Tierra». Por tanto, el Cristo estaba en el principio participando de la Creación del hombre («y el Verbo estaba con Dios»).

Con «y el Verbo era Dios», podemos ver la diferencia entre el humano Jesús y el Dios Cristo. Otras traducciones, en lugar de «y el Verbo era Dios», dicen «y el Verbo era un Dios». Lo que, de una u otra forma, nos lleva a la convicción de que Cristo estaba en el principio, era un ser Divino que participó en la Creación. La cuestión de si era un dios o era Dios es lo de menos, ya que, según nos cuenta San Pablo en Hechos 17: 28, todos los seres vivimos en Dios: «… en él vivimos, nos movemos y tenemos el ser, como algunos de vuestros poetas han dicho».

«En él estaba la vida, y la vida era la luz de los hombres». Estas palabras también nos llevan al Génesis, cuando lo primero que crea Dios es la luz: «Y dijo Dios: Sea la luz; y fue la luz. Y vio Dios que la luz era buena; y separó Dios la luz de las tinieblas».

Cristo es esa luz primordial que alumbra a todo hombre, es la vida de los hombres, su alma o espíritu. Por eso también dice Juan que aquella luz verdadera que alumbra a todo hombre venía a este mundo y estaba en el mundo, pero que el mundo no la conoció. En efecto, la luz de la vida está en el interior de cada persona; sin ella, el cuerpo material no podría sostenerse en pie. En el interior del receptáculo material, el cuerpo humano, se encuentra el verdadero ser, la verdadera vida, sin esa luz, simplemente no podría existir. Pero esa luz está cegada por las tinieblas del cuerpo denso. Ese ser real, que es el espíritu del hombre, vive dormido, como muerto, en su interior y, por medio del impulso de Cristo debe despertar, debe ser resucitado. Pero, he aquí que el hombre no conoce a quien tiene delante, al ser que se ha encarnado en el cuerpo de Jesús: «… pero el mundo no le conoció».

Pero lo más importante del Prólogo de Juan a su Evangelio es el texto siguiente:

«A lo suyo vino, y los suyos no le recibieron. Mas a todos los que le recibieron, a los que creen en su nombre, les dio potestad de ser hechos hijos de Dios; los cuales no son engendrados de sangre, ni de voluntad de carne, ni de voluntad de varón, sino de Dios».

Aquí vemos que, aunque los hombres no le reconozcan como ser divino, como parte de su propia vida, de su propia alma, hay, sin embargo, una forma de llegar a conocerlo. Esa forma, en un principio, es la fe, la creencia en Él, requisito indispensable para iniciar el camino de ascenso. Creer en Él nos permite ser revestidos de su fuerza, dándonos el poder para convertirnos de nuevo en hijos de Dios. Esta fe nos proporcionará el impulso necesario para resucitar el espíritu que vive dormido (o *muerto*) en nuestro interior y emprender el camino hacia el Padre. ¿Cómo? Ya vemos, que, en un principio es a través de la fe. Esa fe en seguir el camino del Hijo de Dios, en creer en lo que hace, en imitarle en todo, es la que nos llevará a las puertas del Árbol de la Vida, esto es, a tomar conciencia de la eternidad de nuestra alma, a la Iniciación. Por eso, hemos de prestar especial atención en el camino que Él sigue una vez que ha nacido en un cuerpo humano mediante el bautismo de Juan.

El Bautismo. Gustavo Doré.

Ese impulso que recibimos cuando el Cristo nos despierta, es como un nuevo nacimiento, una resurrección, un revestimiento de nuestro espíritu con el Suyo, lo que equivale a decir que Cristo nace en nuestro interior.

Pero este nacimiento no se produce de una forma instantánea. El espíritu de Cristo debe irse fortaleciendo en nuestro interior, al igual que el niño que nace y, al principio, es un ser débil que necesita cuidados y, más tarde, va creciendo y haciéndose fuerte hasta convertirse en un ser adulto que se vale por sí mismo. Así será también el nacimiento crístico en nuestro interior. Pero veamos cómo se puede alimentar a este Niño para que un día se convierta en ese ser Adulto que cambiará nuestras vidas por completo.

Ya hemos dicho que la misión de Cristo se inicia con su bautismo o, lo que es lo mismo, con su nacimiento en el cuerpo de Jesús. Así que, desde aquí en adelante, prestaremos especial atención a los acontecimientos más importantes de su vida, que son los que nos guiarán en nuestro camino evolutivo.

Este Bautismo equivale en nuestro interior a la incorporación de nuestro Yo espiritual en la tendencia Jesús de nuestra personalidad. Nuestra divinidad interna se ha incorporado a nuestra tendencia humana más elevada, ha despertado, y ahora nuestro verdadero Yo tendrá que iniciar el camino de reconquista de todo nuestro Ser.

Para ello tendrá que convencer a todas las demás tendencias: sanar a las que se encuentran enfermas, resucitar a las dormidas, convencer a las que dudan y, finalmente, llegar al poder en nuestra psique, apartando de allí a la tendencia usurpadora de nuestra voluntad , que en nuestra historia sagrada hemos dicho que está representada por Herodes, pero que simboliza a todos los reyes y gobernadores que rigen el mundo desde el punto de vista material.

Antes de poder hacer todo esto, el Cristo, debe pasar por las tentaciones.

Lo primero que nos encontramos, después de este bautismo, es con la marcha de Jesús Cristo al desierto, donde debe ser tentado por el diablo. Estas tentaciones constituyen un paso ineludible para todo aspirante a la vida superior. Para emprender el camino crístico, debemos superar estas pruebas para ver si estamos preparados.

La Tentación

Antes de acogernos al impulso de Cristo, hemos recorrido, en todas nuestras encarnaciones, un largo camino lleno de experiencias, hemos superado ciertos hábitos negativos y, supuestamente, ya estamos preparados para emprender el camino que ha de transformarnos en seres aptos para obtener la llave que nos deje avanzar en el camino hacia el Árbol de la Vida. Pero siempre que superamos un hábito pueden quedar residuos que nos lleven a caer de nuevo en él. Así que, para estar seguros de haberlo superado del todo, es preciso que lo volvamos a tener delante, de que el objeto de nuestro antiguo deseo se vuelva a poner ante nuestros ojos y seamos capaces de decir que ya no nos interesa. Entonces estaremos preparados para dar el siguiente paso.

Un ejemplo lo constituye, sin ir más lejos, el hábito de fumar o de beber (por no decir de las drogas más duras). Cuando uno lo deja, siempre se puede volver a caer en la tentación de cogerlo de nuevo.

Por eso, las tentaciones de Jesús Cristo, aunque no necesitaba ser probado, puesto que «no había mancha en Él», se dirigen, sin embargo, a lo que hay de Jesús en Cristo, a su personalidad humana, a sus cuerpos físico, astral y mental, los cuales sí tenían que ser purificados antes de iniciar la más grande de las misiones llevadas a cabo por un ser en la Humanidad.

«Entonces fue llevado Jesús por el Espíritu al desierto para ser tentado allí por el diablo. Y habiendo ayunado cuarenta días y cuarenta noches, al fin tuvo hambre. Y acercándose el tentador, le dijo: Si eres hijo de Dios, di que estas piedras se conviertan en pan. Pero Él respondió diciendo: Escrito está: «No sólo de pan vive el hombre, sino de toda palabra que sale de la boca de Dios. Llevóle entonces el diablo a la ciudad santa, y poniéndole sobre el pináculo del templo, le dijo: Si eres hijo de Dios, échate de aquí abajo, pues escrito está: «A sus ángeles encargará

La Tentación de Cristo. Gustavo Doré.

que te tomen en sus manos para que no tropiece tu pie contra una piedra». Díjole Jesús: También está escrito: «No tentarás al Señor tu Dios». De nuevo le llevó el diablo a un monte muy alto, y mostrándole todos los reinos del mundo y la gloria de ellos, le dijo: Todo esto te daré si postrado me adorares. Díjole Jesús: Apártate, Satanás, porque escrito está: «Al Señor tu Dios adorarás y a Él sólo darás culto». Entonces el diablo le dejó, y llegaron ángeles y le servían».

Mateo: 4: 1-11

Los cuarenta días y cuarenta noches representan un periodo de purificación: la Cuarentena. Esto puede referirse a cualquier hábito negativo anterior y, supuestamente, después ya no debe quedar ningún residuo de él.

Ya sabemos que el cuarenta es un número bastante utilizado en los casos en que hay que erradicar cualquier cosa negativa o enfermedad del ser humano. En la Biblia hay varios pasajes que se refieren a él. Por ejemplo, los cuarenta años que los hijos de Israel vagaron por el desierto. También en los tiempos modernos, la iglesia católica emplea la Cuaresma, un tiempo de purificación e iluminación destinado a la preparación espiritual de la Pascua.

Fuera de las religiones, también se emplea la Cuarentena, periodo de cuarenta días que se mantiene aislados a los que son sospechosos de haber contraído alguna enfermedad vírica contagiosa.

En este sentido, nosotros hemos de emplear el simbolismo de la Cuarentena[7] en desterrar los hábitos más negativos de nuestro interior, pero sabemos que, después de esto, las tentaciones volverán a ponernos sobre la mesa esos deseos de nuevo, y de nosotros dependerá si caemos otra vez en ellos o no.

Tengamos en cuenta que aquí no se trata de alcanzar ya la purificación completa, sino solo de superar los más negativos. Después seguiremos por el camino purificándonos más y más hasta hacerlo por completo. Luego tendremos a los ángeles a nuestro servicio, lo que equivale a decir que la calidad energética de nuestros cuerpos será de acuerdo con las normas espirituales y no, como hasta ahora había sido, pues los que nos servían, en su gran mayoría, eran los luciferianos. Es decir, nuestros deseos estaban enfocados hacia una energía que solo podían proporcionarnos ellos, pero, a partir de ahora, nuestros deseos se dirigen hacia el mundo espiritual y, por eso, son los ángeles los que nos proveen de su energía.

Veamos con más detalle cómo se desarrolla este acontecimiento en nuestro interior:

La tendencia que ha de iniciar la reconquista de toda nuestra personalidad (Cristo) está ahora en condiciones de empezar su misión, pero tiene que asegu-

---

7 No es necesario vivir el hecho literalmente en el mundo físico, sino solo entender su significado y estar vigilantes.

rarse de que no queda en ella ningún residuo antiguo que pueda dar lugar al fracaso. Las tentaciones se dan en número de tres, una para el cuerpo físico otra para el de deseos y otra para el mental. Si queremos emprender la misión elevada de transformarnos en seres crísticos, tenemos que asegurarnos de que no daremos marcha atrás a la primera de cambio, con nostalgias o recuerdos sentimentales de otro tiempo, o pensamientos pasados que nos retengan en el camino. Tenemos que ser capaces de decir NO a las tentaciones ofrecidas por el diablo, o sea, a las inclinaciones que aún pueden quedar en nosotros y que nos pueden hacer tambalear. Meditar en la purificación y poner los ojos en la gloriosa recompensa que nos espera, nos ayudará en esta tarea.

La primera tentación es para el cuerpo físico. El diablo apela a la alimentación: «Di que estas piedras se hagan pan». Y, en efecto, alimentarnos es una de las necesidades básicas que mueven al ser humano. Por conseguir comida se han producido y se siguen produciendo los mayores atropellos. El hambre puede hacer que dejemos de lado lo espiritual que hay en nosotros y, por conseguir alimento, «vendamos hasta a nuestro padre». Pero aquí Cristo pone enfrente otro tipo de comida, la espiritual, la que viene de la palabra de Dios. Con esta venceremos la tentación de conseguir la comida a través de medios ilícitos o delictivos, aunque tengamos poder para ello.

La segunda tentación se dirige al cuerpo de deseos, donde Lucifer tiene su fuerte: Si eres hijo de Dios, échate de aquí abajo, pues escrito está: «A sus ángeles encargará que te tomen en sus manos para que no tropiece tu pie contra una piedra». Díjole Jesús: También está escrito: «No tentarás al Señor tu Dios».

El mayor defecto del cuerpo de deseos, cuando está ocupado por los luciferes es el temor. Por él, los seres humanos cometen los peores actos. El miedo paraliza, no deja pensar, y nos debilita frente a todas las amenazas. Por eso, Lucifer lo utiliza en esta tentación, aunque dándole la vuelta, hablándole de la seguridad que le da al Cristo ser Hijo de Dios. Pero Este, lejos de hacer caso, le contesta que esa imprudencia es tentar a Dios. Porque, aunque tengamos fe, no podemos ir poniéndonos debajo de los trenes, ni tirándonos desde un acantilado o un noveno piso... con la seguridad de que Dios nos salvará, pues en el mundo físico, en la Naturaleza, hay unas leyes que se deben respetar. Lo contrario es tentar a Dios.

La tercera y última tentación se refiere al Poder en la Tierra: «De nuevo le llevó el diablo a un monte muy alto, y mostrándole todos los reinos del mundo y la gloria de ellos, le dijo: Todo esto te daré si postrado me adorares. Díjole Jesús: Apártate, Satanás, porque escrito está: Al Señor tu Dios adorarás y a Él sólo darás culto. Entonces el diablo le dejó, y llegaron ángeles y le servían».

Adorar a Satanás es el mayor de los errores, la mayor de las estupideces humanas, porque el mal tiende a autodestruirse y, tarde o temprano, las glorias alcanzadas por el poder mundano terminan abandonándonos. Lo único que perdura es lo que se consigue para el mundo espiritual, «los tesoros en el Cielo». Así que el Cristo le contesta de la única forma que se puede, que es que se debe rendir culto a lo único que perdurará, a la Divinidad, que sostiene todo nuestro mundo, tanto material como espiritual.

Por tanto, nosotros hemos de hacer lo mismo, rendiremos culto a lo único que perdurará en nosotros, que es nuestra parte eterna, nuestro Yo Superior, que representa a Cristo.

La Elección de los 12 Apóstoles

Después de superar estas pruebas (que para cada persona serán distintas, dependiendo de lo que haya en su vida que deba ser limpiado por completo), el siguiente paso importante en el camino es el de la elección de los doce apóstoles. Estos representan a las doce fuerzas zodiacales que hemos de trabajar y dominar durante nuestras encarnaciones y que ahora ya estamos en condiciones de utilizar en su mejor versión.

Se supone que estas fuerzas ya han sido trabajadas durante todo el periodo de involución o descenso al mundo sensible y que de ellas nos hemos quedado con lo mejor. Por tanto, estudiando las características de los signos del Zodiaco, escogeremos las positivas de cada uno y haremos que nos sigan, esto es, las incorporaremos a nuestra personalidad.

Estas doce formas de ser o tendencias no son todas las que están en nosotros, sino que hay muchas más y, por supuesto, aunque ahora ya *nos sirven los ángeles*, todavía quedan tendencias luciferianas, que, poco a poco, deben ser expulsadas de nuestro interior. Los ángeles trabajan con las energías zodiacales. Por eso, hemos dicho que debemos escoger lo mejor de ellas para seguir nuestro camino.

No se trata aquí de echar por la fuerza a esas tendencias (entiéndase por tendencias luciferianas los deseos y formas de actuar en contra de las divinas reglas), sino de cultivar las positivas o crísticas hasta que aquellas ya no se sientan a gusto con nosotros y se marchen del todo por su propio pie. El ejemplo lo tenemos en nuestros hábitos, si somos conscientes de un hábito negativo y decidimos cultivar el contrario o positivo, aquel terminará por desaparecer de nuestra personalidad.

Ya hemos dicho que elegir las doce fuerzas zodiacales que están en nuestro interior supone sacar lo mejor de cada una, lo más positivo, porque, aunque en cada encarnación nacemos bajo un determinado signo del Zodiaco, en las anteriores hemos sido alternativamente de cada uno de ellos, y hemos ido trabajando sus energías para poder llegar al estado en que ahora nos encontramos.

Por ejemplo, sabemos que Aries trabaja con todo lo que tiene que ver con los comienzos. Por su lado positivo, comenzará trabajos relacionados con la voluntad de iniciar cosas que nos inspira nuestro Yo Superior y, por su lado negativo, nos influirá una voluntad de empezar cosas más propias de los luciferes, que están relacionadas con el materialismo y la satisfacción de los deseos. Así que ya sabemos qué elección hemos de hacer en este punto del camino. Poner la energía de Aries a trabajar, significará iniciar el camino que nos hemos propuesto, que es el de reconquistar nuestra personalidad para que sea gobernada por nuestro Yo Superior, que está representado por el Cristo[8]. En este sentido, hemos de utilizar la energía del planeta Marte, regente de Aries, para poner nuestra voluntad al servicio de nuestra alma, que, en este caso, tiene por meta llegar a tomar del fruto del Árbol de la Vida, o alcanzar la iluminación.

Leo, el siguiente signo de fuego, representa a la tendencia que debe ser fiel al designio divino, que, en este caso, es el que la energía Aries ha puesto en circulación. Este signo rige el corazón, sede del Amor. Así pues, hemos de poner nuestro Amor al servicio de nuestro Yo Superior. La tendencia Leo velará, pues, para que Aries no se desvíe del camino, y pondrá todo su empeño en que esto sea así, siendo un ejemplo de moral, de la moral que viene de arriba, de nuestro es-

---

8 Ver ilustración de la pág. 111, donde Cristo, que simboliza a nuestro Yo Superior, se sitúa en el centro del Zodiaco.

Cristo en el centro del Zodiaco. Manuscrito del siglo XI.

píritu. La capacidad de convencer de Leo será irresistible. Por eso, en esta parte del camino, tenemos que utilizar la energía positiva del signo para convencernos de que lo que hemos puesto en marcha es más importante que todo lo demás. Esta energía o tendencia nos servirá para disolver todas nuestras dudas acerca del Reino de Dios.

A Sagitario, que está regido por Júpiter, planeta de la abundancia y la alegría, le tocará convencernos de que el Reino de Dios no es un Reino de tristeza y desconsuelo, sino de júbilo y regocijo; de que llegar a él supondrá disolver las tinieblas, el dolor, la amargura y la desesperación de todo aquel que reciba en su corazón esta nueva semilla, puesta a nuestra disposición por la energía crística.

La tendencia Cáncer penetrará en nuestro mundo sentimental y le imprimirá su sello, captará los sentimientos elevados de nuestro Yo Superior y le tocará convencer a las tendencias sentimentales de su importancia en la tarea que nos hemos propuesto.

A la energía Escorpio le tocará vigilar los defectos que hay en esos sentimientos y ponerlos de manifiesto para corregirlos, haciendo que los bajos instintos y los malos hábitos se transformen en formas de ser y deseos elevados.

Lo que hay en nuestro interior relacionado con el signo de Piscis debe cuidar de que esos sentimientos nuevos que están floreciendo en nuestro interior sean conocidos y admitidos por todas nuestras inclinaciones sentimentales. Tendrá la tarea de convencer a las demás tendencias emotivas de lo que ha sido procesado por los signos de agua (Cáncer y Escorpio).

Libra traerá la armonía y la paz a todas las tendencias discordantes con la semilla crística. Le tocará la tarea de pacificar nuestro interior a través de la nueva forma de razonar que viene de arriba.

Acuario llevará esa paz hasta el extremo de convencernos de que la verdad que se está abriendo paso en nuestro interior nos llevará a ser libres, pues tendrá una clara idea de futuro, del futuro glorioso que nos espera, libres de toda esclavitud a la materia y al mundo de deseos que ha sido trastocado por los luciferes.

Géminis nos convencerá de que el Reino se está sembrando en nuestra tierra humana, nos proveerá de respuestas convincentes que nos ayudarán a disolver nuestras dudas.

Capricornio tendrá la tarea de sacarnos de nuestro pequeño reino material para llevarnos a ese otro Reino espiritual donde «no habrá más llanto, ni clamor, ni dolor». Pondrá los cimientos, la base de ese Reino espiritual que nos espera. Instaurará en nuestra tierra humana la nueva Ley, la Ley Crística, que es la del Amor, sucesora de la antigua.

Tauro se ocupará de que todas las semillas nuevas que han sido plantadas en nuestra tierra humana, mediante la semilla crística, crezcan y que ninguna se pierda. Se ocupará de que sean revestidas de la armonía y belleza que les corresponden, desechando toda idea negativa que nos pueda alcanzar en este proceso de crecimiento interno.

Y llegamos a Virgo, signo analítico, que se ocupará de señalar los errores que puedan seguir aún en nuestra naturaleza, con la idea de rectificar, para que podamos entrar en el nuevo mundo limpios de errores que nos impedirían la entrada al Árbol de la Vida.

Cristo, con la elección de las doce energías con las que transformar el mundo interno, inicia ahora su camino de reconquista de la ciudad sagrada, es decir, de la Jerusalén interna (que ahora está tomada por el rey Herodes, símbolo del *yo* material), de nuestro recinto espiritual, que es nuestra voluntad, dominada por la tendencia que sigue las consignas de Lucifer. Para ello, tiene que ir convenciendo a todas las tendencias que se encuentran allí, ya que, a fuerza de vivir de espaldas a la divinidad, a su divinidad interna, se ha transformado en un ser enfermo.

Esta dinámica también será exportada al exterior, y veremos cómo en nuestro discurso con los demás intentaremos convencer a los que se acerquen a nosotros de las maravillas que representa el mundo espiritual para sus propias vidas.

La Curación del Ciego

El enfermo que el hombre puede llegar a ser por vivir de espaldas a su divinidad interna está representado por los ciegos, los cojos, los tullidos… Pero todos ellos, al contacto con su verdadero Yo, no tienen más remedio que sanar de su enfermedad, y así, entregarse a su causa.

El ciego representa a ese *yo* material que vive sin poder ver el verdadero mundo y se conforma solo con una apariencia de él, una apariencia no real, como es el mundo sensible, el mundo material.

Al recuperar la vista, reconoce a su verdadero Yo y cree en él, como no puede ser de otra forma, ya que es su ser real. Recordemos aquellas palabras de Cristo ante el ciego de nacimiento cuando le pregunta:

—¿Crees en el Hijo del Hombre?

Y el ciego le responde:

—¿Quién es, Señor, para que crea en él?

Jesús le dijo:

—Le estás viendo: es el que habla contigo.

Dijo él:

—Creo, Señor.

Y se postró ante Él.

El Hijo del Hombre representa al ser evolucionado, al fruto que ha de salir del ser humano cuando
haya cambiado, cuando haya evolucionado; es el hombre que ha elegido seguir el camino del bien, después
de un largo camino de dudas y tentaciones, de *tiras* y
aflojas entre el alma y el cuerpo, entre el Yo superior y
el *yo* inferior. Ahora ya se ha transformado y ha elegido
seguir el camino del alma.

Pero nuestra personalidad está repleta de tendencias
ciegas que amenazan con volver a convencer a la que
acaba de adquirir la vista para que se vuelva adonde estaba antes. Voces internas intentarán convencernos de
nuestro error, de que lo único que existe es lo que podemos contemplar con los ojos físicos. En este sentido,
la tarea que ahora nos corresponde es la de seguir creyendo, convenciendo y abriendo los ojos de todas ellas,
y para ello debemos emplear toda nuestra energía, esa
fuerza que hemos ido adquiriendo en nuestro recorrido
hasta llegar aquí.

Con todas estas nuevas tendencias trabajando en
una dirección, podremos llegar a conquistar la ciudad
sagrada de nuestra psique, representada por Jerusalén,
que ahora está tomada por una voluntad perversa y
una religión llena de leyes a la que le falta una ley mayor: la Ley del Amor, que es la que trae el Cristo.

Seguiremos curando enfermos, es decir, tendencias
y opiniones negativas y materiales, que se visten con la
lógica y la razón de este mundo. Curaremos a las ten-

La curación del ciego de nacimiento. Nicolás Colombel.

dencias paralíticas, es decir, las que se han bloqueado y se han quedado como tullidas, sin dar ningún fruto en el camino evolutivo, pues son semejantes a aquel siervo de la Parábola de los Talentos que, por miedo, devuelve a su señor el talento que le había entregado, sin dar ningún fruto (Mateo 25: 14-30). Haremos caso solo a la voz interior de nuestro espíritu, empleando el discernimiento, sin dejarnos engañar por aquellas que querrán impedirnos avanzar. Al pasar por las tentaciones y ser bautizados o nacidos de nuevo; al haber seguido nuestro camino sanando nuestras tendencias enfermas y ciegas, ya nos hemos preparado para que las fuerzas o energías luciféricas salgan de nuestro interior, pues ya no demandamos su energía y la energía crística brilla con intensidad dentro de nosotros. Esto tiene su simbolismo en la Transfiguración de Cristo. El discípulo, para llegar aquí ha repetido constantemente una sagrada frase:

DEBO CONVERTIR EN TODO
MOMENTO MIS PENSAMIENTOS,
SENTIMIENTOS Y ACTOS EN ALGO
QUE SEA TAN PURO COMO EL ORO.

Este es el verdadero misterio de los alquimistas, no convertir en oro metales viles, que solo promueven el egoísmo y la avaricia, sino en transformar toda su personalidad, todas sus tendencias, en algo que sea puro e inmutable como el oro.

La Transfiguración

La Transfiguración representa ese momento místico en el que las tendencias luciferianas han salido de nuestra personalidad y ahora esta se ha convertido, se ha transformado en algo tan puro como el oro.

Muchas serían las páginas que habría que llenar para interpretar correctamente todo el itinerario crístico, pero habiendo desentrañado las más importantes y teniendo ahora las claves para poder seguir caminando en el sentido correcto, fijaremos nuestra atención sobre la parte final de su camino, aquella en la que el Cristo inicia su recorrido en la ciudad sagrada, empezando por su entrada triunfal en Jerusalén.

Ya hemos señalado que Jerusalén representa la ciudad sagrada, nuestra ciudad sagrada, que, ahora está tomada por la tendencia dominante en nuestra mente y que, como sabemos, corresponde a la voluntad Herodes o, dicho de otra forma: la voluntad materialista. Así pues, la entrada en ella por parte de Cristo, significa la entrada de nuestro *yo* en nuestra ciudad sagrada revestido del Yo Crístico, o, para decirlo de otro modo: la entrada del Yo Esencial en la parte más sagrada que hay en nuestro ser, que es la voluntad para tomar las riendas y gobernarnos con nuestro verdadero Yo y no con el usurpador, el *yo* pasajero identificado con lo material y alejado de lo espiritual, como ha venido siendo hasta ahora.

La Transfiguración. Guido di Pietro da Mugello.

Esta entrada no se produce según los varemos del mundo, sino más bien al revés. Los reyes de la Tierra suelen conquistar las ciudades con violencia, y, cuando lo consiguen, entran en ellas triunfantes. Antiguamente lo hacían montados en un caballo hermoso y galopante, ahora es en un coche oficial y blindado. Aunque esta forma, gracias a Dios, se va produciendo cada vez menos.

La Entrada Triunfal en Jerusalén

Jesús quiere ilustrar la conquista de la ciudad entrando en ella montado en un burro que, por un lado, representa el dominio del Hombre sobre la bestia y la tozudez humana, y por el otro, la humildad que debe caracterizar a todos los grandes.

En efecto, la conquista de nuestra ciudad sagrada no debe hacerse con violencia, sino con humildad e inteligencia. Vemos aquí que, en nuestro camino hacia el Árbol de la Vida, tenemos que irnos desprendiendo de los valores que teníamos en el mundo de los sentidos o material. La soberbia, que es lo contrario a la humildad, no es admitida para entrar en la ciudadela espiritual. Así como tampoco lo son la Gula, que debemos cambiar por Templanza; la Avaricia, por Generosidad; la Lujuria, por Castidad; la Ira, por Paciencia; la Envidia, por Caridad; y la Pereza, por Diligencia. Se supone que todos estos «pecados capitales» ya no nos afectan, después de la transfiguración.

Entrada de Jesús Cristo en Jerusalén. Gustavo Doré.

Ahora bien, en nuestra entrada al templo no valen contemplaciones: todo lo que haya allí que pertenezca al mundo material debe ser echado con la autoridad que nos da nuestro ser y fuerza espiritual.

La Expulsión de los Mercaderes del Templo

«Se acercaba la Pascua de los judíos. Jesús subió a Jerusalén, y halló en el templo vendedores de bueyes, ovejas y palomas, y cambistas sentados. Hizo un azote de cuerdas, y los echó a todos del Templo con las ovejas y los bueyes, tiró las monedas de los cambistas y volcó las mesas. Y dijo a los vendedores de palomas: "Quitad esto de aquí: no hagáis de la casa de mi Padre un mercado". Sus discípulos se acordaron que está escrito: "El celo de tu casa me devora".

Entonces los judíos le dijeron: "¿Qué señal nos das para obrar así?" Jesús les respondió: "Destruid éste templo y en tres días lo levantaré". Los judíos le replicaron: Se edificó el templo en cuarenta y seis años, ¿Y tú lo levantarás en tres días?" Mas Él hablaba del Templo de su cuerpo.

Por eso, cuando resucitó de entre los muertos, se acordaron sus discípulos de que ya lo había dicho, y creyeron en la Escritura y en la palabra de Jesús».

Juan 2:13-22

Este pasaje nos enseña que, cuando nos retiramos a orar, no debemos permitir que los pensamientos de los

123

negocios y afanes de este mundo se cuelen en nuestras oraciones. Tenemos que echar, o no dejar entrar, a los pensamientos egoístas y no permitir que nos perturben en nuestro recogimiento dentro de lo más sagrado. Y aquí sí tenemos que actuar con contundencia, mas no con ira ni odio, sino con Amor, pero sin dejarnos convencer por tendencias que terminarán robando nuestra energía más sagrada, haciendo que nuestro templo interior se convierta en una cueva de pensamientos afanosos por los negocios y preocupaciones mundanas, dejando de ser un lugar sagrado.

Vemos aquí, una vez más, como la Biblia habla en sentido simbólico, al afirmar que «… Él hablaba del templo de su cuerpo». En efecto, el templo físico es un reflejo del templo interior. En realidad, el ser humano no necesita recintos para comunicarse con el mundo espiritual, pues lleva el santuario en su propio cuerpo y, desde él, puede hacerlo en cualquier lugar, pero debe procurar que el sitio que elija esté libre de pensamientos y sentimientos egoístas y mundanos.

El Lavatorio de los Pies

«… se levantó de la cena, y se quitó su manto, y tomando una toalla, se la ciñó. Luego puso agua en un lebrillo, y comenzó a lavar los pies de los discípulos, y a enjugarlos con la toalla con que estaba ceñido. Entonces vino a Simón Pedro; y Pedro le dijo: Señor, ¿tú me lavas los pies?

La expulsión de los mercaderes del Templo. Gustavo Doré.

Respondió Jesús y le dijo: Lo que yo hago, tú no lo comprendes ahora; mas lo entenderás después.

Pedro le dijo: No me lavarás los pies jamás. Jesús le respondió: Si no te lavare, no tendrás parte conmigo.

Le dijo Simón Pedro: Señor, no sólo mis pies, sino también las manos y la cabeza.

Jesús le dijo: El que está lavado, no necesita sino lavarse los pies, pues está todo limpio; y vosotros limpios estáis, aunque no todos.

Porque sabía quién le iba a entregar; por eso dijo: No estáis limpios todos.

Así que, después de que les hubo lavado los pies, tomó su manto, volvió a la mesa, y les dijo: ¿Sabéis lo que os he hecho? Vosotros me llamáis Maestro, y Señor; y decís bien, porque lo soy. Pues si yo, el Señor y el Maestro, he lavado vuestros pies, vosotros también debéis lavaros los pies los unos a los otros. Porque ejemplo os he dado, para que como yo os he hecho, vosotros también hagáis.

De cierto, de cierto os digo: El siervo no es mayor que su señor, ni el enviado es mayor que el que le envió. Si sabéis estas cosas, bienaventurados seréis si las hiciereis».

Juan 13: 4-17

El Lavatorio de Pies representa una dinámica correcta en la evolución. En efecto, en el desarrollo espiritual nadie es una isla, todos somos importantes. Vemos aquí que Cristo, siendo el mayor de todos, no

El lavatorio de los pies. Giotto di Bondone.

se aprovecha de ello para dominar y sacar beneficio de su rango, sino para ayudar a los que están por debajo de él en la escala evolutiva. También es significativo que les lave los pies, símbolo de Piscis, que representa la exteriorización de los sentimientos, que son los que más pueden contaminarse en nuestro andar por el mundo.

En la dinámica luciferiana ocurre exactamente al revés. Los que están arriba se aprovechan de los que están abajo para explotarlos y sacarles el jugo. Pero no ha de ser así en el nuevo estado que hemos conquistado, sino que debemos seguir el ejemplo crístico, ya que, a poco que miremos a nuestro alrededor, nos daremos cuenta de que es lo más correcto:

Si no fuera por la tierra, la planta no podría existir, pues se nutre de ella. De igual forma, si no existiera la planta, el animal no podría ser lo que es, pues la planta le sirve de alimento. Así mismo, el hombre se sirve de los animales para su subsistencia[9].

En este sentido, lo superior debe inclinarse hacia lo inferior y decir:

9 En este apartado hay que tener en cuenta que, además de servirse de ellos como animales de carga, etc., en la actualidad, la Humanidad todavía sigue matándolos para alimentarse, al igual que algunas bestias matan a otras para su comida. Estos comportamientos deben cesar cuando se llegue a un estado evolutivo superior, pues se produjeron después de la expulsión del Edén y son debidos a la Caída del hombre. Por lo tanto, son comportamientos luciferianos.

LO QUE HE LLEGADO A SER SE LO DEBO
A LOS QUE ESTÁN EN UN ESCALÓN MÁS
BAJO QUE YO. ASÍ QUE TENGO QUE
AYUDARLES PARA QUE UN DÍA PUEDAN
SUBIR DONDE YO ME ENCUENTRO.

Getsemaní

«Vinieron, pues, a un lugar que se llama Getsemaní, y dijo a sus discípulos: Sentaos aquí, entre tanto que yo oro. Y tomó consigo a Pedro, a Jacobo y a Juan, y comenzó a entristecerse y a angustiarse. Y les dijo: Mi alma está muy triste, hasta la muerte; quedaos aquí y velad.

Yéndose un poco adelante, se postró en tierra, y oró que si fuese posible, pasase de él aquella hora. Y decía: Abba, Padre, todas las cosas son posibles para ti; aparta de mí esta copa; mas no lo que yo quiero, sino lo que tú.

Vino luego y los halló durmiendo; y dijo a Pedro: Simón, ¿duermes? ¿No has podido velar una hora? Velad y orad, para que no entréis en tentación; el espíritu a la verdad está dispuesto, pero la carne es débil. Otra vez fue y oró, diciendo las mismas palabras. Al volver, otra vez los halló durmiendo, porque los ojos de ellos estaban cargados de sueño; y no sabían qué responderle.

Vino la tercera vez, y les dijo: Dormid ya, y descansad. Basta, la hora ha venido; he aquí, el Hijo del Hombre es entregado en manos de los pecadores».

Marcos 14: 32-41

La palabra *Getsemaní* ha venido a ser, para los humanos, sinónimo de duda entre hacer lo que sabemos que tenemos que hacer pero no nos gusta (o nos gusta pero no tenemos tiempo de hacerlo) y la tentación de hacer lo contrario, porque así creemos que nos irá mejor. Es decir, volver la espalda a nuestra misión por dolorosa que sea.

En este sentido, nuestra misión consistirá en hacer un trabajo contrario al que hace la sociedad en general, es decir, a partir de ahora, hemos de dar más importancia al trabajo espiritual. Nuestro objetivo no es trabajar por obtener una mejora en sentido material, sino espiritual. No viviremos para obtener cosas materiales, sino que lo haremos para mejorar la sociedad en que vivimos de acuerdo con las normas crísticas, pondremos en práctica los nuevos valores, que deben traernos los frutos de amor, gozo, paz, paciencia, benignidad, bondad, fe, mansedumbre y templanza. A partir de aquí ya no nos regiremos por la ley, sino por el Amor, porque aquella la habremos integrado en nuestro interior. Esta es en sí la tentación del huerto de Getsemaní. El mundo material pesa aún mucho en nosotros y aquí desplegará todo su poder para hacernos volver a él y que trabajemos de acuerdo con sus normas, las normas luciferianas, que consisten en actuar con los ojos puestos en los negocios para mejorar nuestro mundo material. Las mejoras del mundo material vendrán por añadidura cuando persigamos objetivos espirituales y no al revés, porque la energía espiritual sostiene a la

Getsemaní. Gustavo Doré.

material. El trabajo que tenemos ahora por delante es el de transformar la sociedad en que vivimos a través de nuestro testimonio, de nuestro ejemplo. De lo contrario, todo lo que hemos conseguido no servirá para nada.

Jesús Cristo pasa por este trance y lo resuelve a través de la oración, que le da fuerzas para seguir adelante, ya que no siente el apoyo de los apóstoles, los cuales se quedan dormidos, lo que en sentido oculto significa no ser conscientes, permanecer con los ojos cerrados ante la angustia del maestro.

Esta soledad del maestro es, sin embargo, aparente, ya que cuando cae en la cuenta de que no está solo, sino que el Padre está con él, es cuando recibe la fuerza para continuar con su misión.

El peregrino, en esta parte de su camino, tiene que extraer de este acontecimiento la enseñanza de que, aunque se encuentre perdido, aunque sufra toda la angustia y la duda del mundo, aunque le hayan abandonado sus amigos y familiares, aunque nadie entienda su misión, aunque pensamientos negativos abatan su alma… nunca está solo, sino que Dios está con él, enviándole la fuerza que le falta para continuar. Para ello, debe simplemente pedírselo con las palabras mágicas de:

HÁGASE TU VOLUNTAD.

O lo que es lo mismo:

«MAS NO LO QUE YO QUIERO, SINO LO QUE TÚ».

Estas palabras cambiaran nuestro estado triste y angustioso y nos aportará la serenidad que necesitamos para no abandonar nuestra misión.

El mundo exterior es un reflejo de nuestro mundo interior. Por eso, si interiormente hemos pasado por el estado de que nuestras tendencias no nos entienden, ni siquiera las que son más afines al Yo Superior y nos sentimos abandonados, abatidos y sin apoyo interno, debido a nuestras múltiples dudas, en el exterior también ocurrirá algo semejante y, es posible, que nuestros amigos, familiares y allegados más íntimos duden y se aparten de nosotros por no entender lo que estamos haciendo. Sin embargo, esta soledad, interna y externa, es solo aparente, ya que Dios está más cerca de nosotros que nunca, y es Él el único que nos puede dar aliento para realizar este cambio de timón.

La Crucifixión

El siguiente paso en el camino es el de la Crucifixión. La tendencia crística ha superado la etapa de *Getsemaní* y ahora lo único que le interesa es el desarrollo espiritual y trabaja solamente por él. Nuestra labor ahora consiste en poner nuestros ojos en lo humano y no en lo material, en hacer aquello que desarrolle en nuestro prójimo la semilla crística y sus valores espirituales y no a lo que ha podido dedicarse en tiempos anteriores, al desarrollo de las tendencias luciferianas y los valores materialistas.

Ahora la nueva personalidad ya está en condiciones de pasar al siguiente paso, que implica sacrificio, pues ha sublimado tanto los sentimientos, ha unificado tanto sus tendencias en torno al Amor, que, en ese momento, siente que por él (por Amor) todo sacrificio es poco.

Pero esta forma de actuar, esta forma de ser, esta nueva tendencia en su personalidad, que el discípulo acaba de estrenar choca frontalmente con las tendencias del mundo material, ya que no entienden ese cambio y, por lo tanto, intentarán pararlo. El gran Amor que acaba de adquirir puede acarrearle daños y perjuicios en el terreno físico; pero aún así, sigue adelante, pues siente que este Amor podrá con todo, y algún día terminará por cambiar el mundo.

Esta etapa en la Iniciación se puede leer en los evangelios desde el arresto de Jesús Cristo hasta la Crucifixión. O sea: la negación de Pedro, los azotes, la coronación de espinas, el transporte de su propia cruz y, finalmente, la crucifixión.

Al llegar aquí el discípulo es capaz de soportar por Amor todo lo que la vida le traiga, pues ya no se centra en las cosas temporales, sino en las eternas. No ve las miserias humanas, pone su atención más bien en lo que hay detrás de cada persona, en su esencia. Para no

La Crucifixión. Discípulo anónimo de Vander Weyden.

perderse en el camino de los enfrentamientos humanos, sus meditaciones deben ser las siguientes:

Al verse negado y ante el temor de saber que le espera un sufrimiento inminente:

SERÉ VALIENTE Y SOPORTARÉ CUALQUIER
SUFRIMIENTO QUE EL MUNDO QUIERA
LANZAR SOBRE MÍ, SIN QUEJARME.
PUES EL AMOR QUE HABITA EN MÍ
ME DA LA FUERZA QUE NECESITO.

Al sentir la burla y el escarnio representada por la Coronación de Espinas:

NI LA BURLA, NI LA MOFA, NI EL
ESCARNIO PODRÁN CONTRA LO
SAGRADO QUE LLEVO DENTRO.

Al cargar con su propia cruz:

MI CUERPO ES SEMEJANTE A UNA CRUZ
QUE TRANSPORTO, COMO PODRÍA
LLEVAR UN TROZO DE MADERA. ES
NECESARIO EN ESTA ETAPA DEL CAMINO,
PERO NO ES EL HOMBRE REAL.

Al ser crucificado:

LA MUERTE NO EXISTE; TRAS LA
OSCURIDAD Y EL VELO DE LA
MUERTE APARECERÁ EL VERDADERO
MUNDO, EL MUNDO ESPIRITUAL
LLENO DE GOZO Y ALEGRÍA.

Toda esta etapa se representará en el interior como un verdadero desapego, el cual se oscurecerá poco a poco, dando lugar a una completa oscuridad, un vacío, que algunos místicos han descrito como una *noche oscura*, donde se experimentará un estado semejante a la muerte, todo parece acabar en nada.

Pero aquí es cuando aparece la siguiente etapa, la *Resurrección*.

La Resurrección y la Ascensión

Tras el velo oscuro que acaba de experimentar, aparece otro mundo, el mundo verdadero, y el discípulo nace de nuevo en su auténtico Ser a las maravillas del Reino Espiritual, donde NO EXISTEN LOS DOLORES NI LOS LLANTOS TERRENALES. Pero sigue viviendo en la Tierra, aunque ahora ha dejado por completo su antigua personalidad y ya no le afectan las miserias humanas.

Por fin, ha podido atravesar el camino donde los querubines le impedían el paso. Ahora le dejan entrar porque ya está preparado para comer del fruto del Árbol de la Vida, que le da la inmortalidad para siempre, pues está libre de las tendencias que le hacían descender y, en su lugar, ha puesto las angélicas. O, dicho de otro modo: las energías angélicas le proporcionan el suministro energético que él convertirá en pensamientos, sentimientos y acciones.

La Resurrección. Gustavo Doré.

Cuando le llegue la muerte, aunque tenga que volver a encarnar en el mundo, ya no olvidará quién es. Tendrá conciencia de su inmortalidad, el grado que ha adquirido nunca le abandonará.

Vemos que, ante su inminente calvario, Jesús Cristo dice estas palabras a sus discípulos:

Ha llegado la hora para que el Hijo del Hombre sea glorificado.

De cierto, de cierto os digo, que si el grano de trigo no cae en la tierra y muere, queda solo; pero si muere, lleva mucho fruto. El que ama su vida, la perderá; y el que aborrece su vida en este mundo, para vida eterna la guardará.

Juan 12: 23-25

Hasta llegar aquí, el discípulo estaba dividido en dos. Por un lado, estaba su personalidad material, su *yo* pasajero, representado por Herodes en la *historia sagrada*; y por el otro, su Yo espiritual, cuyo representante es el Cristo. Cada uno de ellos tirando hacia su terreno. Al llegar al Gólgota, la personalidad sagrada debe «morir», al igual que lo hace el grano de trigo en la tierra, para conquistar a la personalidad material y restablecer en el ser humano el verdadero Reino, el Reino Espiritual. En este sentido, la sangre derramada debe nutrir y transformar todas las tendencias del ser humano, de manera que se produzca un renacimiento, donde no quede ninguna tendencia luciferiana en la personalidad. La cruz y los clavos en las manos y los pies de Cristo representan esa fusión entre las dos personalidades, por un lado el madero, símbolo del cuerpo físico; y por el otro el Cristo, símbolo del espíritu. Y la resurrección es la individualidad que nace de esa unión. Es el cuerpo espiritual de gloria, el dorado vestido de bodas del que hablan los rosacruces, el verdadero heredero del reino del Padre[10].

«Pero ¿por qué la personalidad sagrada debe morir?, pues con haber conquistado el reino de Herodes hubiera sido suficiente» —se preguntará el lector.

Si así lo hubiera hecho, habría procedido como los señores de este mundo y hubiera llegado a ser un rey más en el camino hacia el verdadero reino, otro Herodes cualquiera. Para conquistar la voluntad material, la personalidad sagrada tiene que morir, dejar que su sangre (el grano de trigo), caiga en la tierra (la Humanidad) y la transforme, es decir, no solo salve a los suyos, sino a toda la Humanidad, incluidos los delincuentes y asesinos («Padre, perdónalos, porque no saben lo que hacen»).

El discípulo, como hemos dicho, ha conquistado la inmortalidad. Ahora come del fruto del Árbol de la Vida, ya que se ha preparado para ello conquistando

---

10 Entienda, por supuesto, el lector que en ningún momento hablamos de muerte física, sino simbólica. Los hechos son puramente espirituales y en ese terreno se produce también el nuevo nacimiento en el ser humano.

La Ascensión. David Teniers el Joven.

la Jerusalén de Herodes y a los príncipes de los sacerdotes, a través de su sacrificio, para poner en su lugar a la Jerusalén Celestial y el gobierno del Cristo o Yo Superior.

La antigua Jerusalén, o la Jerusalén física, es un símil de todas las ciudades de la Tierra gobernadas por un rey o presidente impostor, el cual en un caso es Herodes y en otro, «Perico Pato». El nombre, tanto de la ciudad como del gobernante, da igual, lo importante es que se trata del gobierno de nuestra personalidad pasajera dominada por los luciferes. Día vendrá en que llegaremos a la Ciudad Nueva, que será gobernada por nuestro Yo Superior y ya no necesitaremos otra ciudad.

La Nueva Jerusalén

En el Apocalipsis se describe esta Ciudad Nueva, donde también está el Árbol de la Vida:

… Después me mostró un río limpio de agua de vida, resplandeciente como cristal, que salía del trono de Dios y del Cordero.

En medio de la calle de la ciudad, y a uno y otro lado del río, estaba el Árbol de la Vida, que produce doce frutos, dando cada mes su fruto; y las hojas del árbol eran para la sanidad de las naciones.

Apocalipsis 22:1,2

Si ahora llevamos al terreno de lo simbólico estos versículos, podemos interpretar que la ciudad sagrada, una vez que el discípulo ha pasado a esta fase, está gobernada por el Yo Superior, El Yo Crístico, cuyos sentimientos, simbolizados por el río limpio de agua de vida, son puros y ya no pueden ser de otra manera. De él manarán hacia los demás seres, como un río, nutriéndolos con su Amor y Sabiduría.

Al comer del fruto del Árbol de la Vida, el iniciado ahora también produce el mismo fruto, a través de la esencia más pura, la esencia sublimada de los doce signos del Zodiaco, que es la energía con la cual se mantiene en pie el Universo, sanando a todo el que se le acerca con sus hojas, que representan a todas sus tendencias unificadas en el Ser Único al que ahora pertenece.

El suceso del Gólgota marcó un antes y un después en la historia de la Humanidad. Ya hemos visto que, simbólicamente, se puede interpretar como un acontecimiento en el interior del ser humano, pero no olvidemos que este suceso fue primero importante en la Tierra en general. Todo lo que ha de ocurrir internamente en los seres humanos debe primero ocurrir en el terreno físico, debe ser un hecho histórico, vivido por alguien en el mundo material. Por eso, era necesario que una entidad de la estirpe de los dioses encarnara en la Tierra y llevase a cabo su purificación.

Jerusalén Celeste. San Pietro Al Monte, Civate. S. XI.

Este hecho sucedió en Palestina aproximadamente en el año 753 de la fundación de Roma. A partir de aquí, el cuerpo de deseos de la Tierra quedó limpio mediante el sacrificio de Cristo, el contador del karma de la Humanidad se puso a cero, se produjo lo que se conoce como «el Perdón de los Pecados», y una nueva semilla, un nuevo impulso se puso en circulación para transformar por completo la voluntad de cada ser humano y revestirlo del ser crístico. Pero esto ha de ser un acto voluntario, como un acto voluntario es el del preso al que se le ha perdonado la deuda contraída con la sociedad y se le pone en libertad. De él dependerá si vuelve a reincidir o sigue el camino de la regeneración, el cual le llevará con toda seguridad a poder volver a la Casa del Padre y recuperar, con toda su prerrogativa, el rango de hijo de Dios.

Capítulo 4

El Árbol de la Vida y la Iniciación en los Cuentos de Hadas

Si quieres que tus hijos sean inteligentes, léeles cuentos de hadas. Si quieres que sean más inteligentes, léeles más cuentos de hadas

Albert Einstein

El Árbol de la Vida y el fruto que da la inmortalidad han sido protagonistas de muchas obras literarias y, sobre todo, de los cuentos clásicos, donde aparecen veladas muchas claves y diferentes estados de la iniciación. Echemos un vistazo a uno de ellos, recogido del elenco popular y llevado al papel por los hermanos Grimm: *La serpiente blanca,* e intentemos entresacar algunos de sus símbolos iniciáticos.

Hace ya de esto mucho tiempo, he aquí que vivía un rey, famoso en todo el país por su sabiduría. Nada le era oculto; habríase dicho que por el aire le llegaban noticias de las cosas más recónditas y secretas. Tenía, empero, una singular costumbre. Cada mediodía, una vez retirada la mesa y cuando nadie se hallaba presente, un criado de confianza le servía un plato más. Estaba tapado, y nadie sabía lo que contenía, ni el mismo servidor, pues el Rey no lo descubría ni comía de él hasta encontrarse completamente solo. Las cosas siguieron así durante mucho tiempo, cuando un día picóle al criado una curiosidad irresistible y se llevó la fuente a su habitación. Cerrado que hubo la puerta con todo cuidado, levantó la tapadera y vio que en la bandeja había una serpiente blanca. No pudo reprimir el antojo de probarla; cortó un pedacito y se lo llevó a la boca. Apenas lo hubo tocado con la lengua, oyó un extraño susurro de melódicas voces que venía de la ventana; al acercarse y prestar oído, observó que eran gorriones que hablaban entre sí, contándose mil cosas que vieran en campos y bosques. Al comer aquel pedacito de serpiente había recibido el don de entender el lenguaje de los animales.

La sabiduría del rey proviene de comer trozos de la serpiente blanca. El rey, o sea, la tendencia dominante en nuestra voluntad, al comer de la serpiente blanca, ha alcanzado un grado de sabiduría, pues este es uno de los significados de la serpiente en el terreno simbólico.

Entender el lenguaje de los animales está relacionado con escuchar más allá de los sonidos aparentes, con el desarrollo de la intuición, y actuar en consecuencia, no según nos lo muestra su sonido exterior. Pero este logro es pasajero, todavía no hemos llegado al reino verdadero, aunque puede parecerlo por el alcance de su sabiduría: entender el lenguaje de los animales, o sea, escuchar más allá de los sonidos aparentes.

El servidor representa esa tendencia fiel a la voluntad reinante que, en un momento dado, decide ser como él robando un poco de su alimento, o sea, comiendo un trozo de la serpiente blanca destinada al Rey. Esto le da la sabiduría que tiene el rey, y por ello, por oír lo que está más allá de los sonidos normales, por utilizar su intuición, consigue salvar su vida. Pero hay una cosa: ha dejado de ser fiel a la voluntad reinante. Por eso le ocurre lo siguiente:

Sucedió que aquel mismo día se extravió la sortija más hermosa de la Reina, y la sospecha recayó sobre el fiel servidor que tenía acceso a todas las habitaciones. El Rey le mandó comparecer ante su presencia, y, en los términos más duros, le amenazó con que, si para el día siguiente no lograba descubrir al ladrón, se le tendría por tal y sería ajusticiado. De nada sirvió al leal criado protestar de su inocencia; el Rey lo hizo salir sin retirar su amenaza. Lleno de temor y congoja, bajó al patio, siempre cavilando la manera de salir del apuro, cuando observó tres patos que solazaban tranquilamente en el arroyo, alisándose las plumas con el pico y sosteniendo una animada conversación. El criado se detuvo a escucharlos. Se relataban dónde habían pasado la mañana y lo que habían encontrado para comer. Uno de ellos dijo malhumorado: «Siento un peso en el estómago; con las prisas me he tragado una sortija que estaba al pie de la ventana de la Reina». Sin pensarlo más, el criado lo agarró por el cuello, lo llevó a la cocina y dijo al cocinero: «Mata este, que ya está bastante cebado». «Dices verdad», asintió el cocinero sopesándolo con la mano, «se ha dado buena maña en engordar y está pidiendo ya que lo pongan en el asador». Cortóle el cuello y, al vaciarlo, apareció en su estómago el anillo de la Reina. Fácil le fue al criado probar al Rey su inocencia, y, queriendo este reparar su injusticia, ofreció a su servidor la gracia que él eligiera, prometiendo darle el cargo que más apeteciera en su Corte.

El servidor ha salvado la vida debido a su nueva adquisición de sabiduría, que le permite escuchar y entender más allá de los sonidos comprensibles, y el rey le ofrece seguir en su reino, dándole lo que quiera con tal de permanecer en él. Lo que equivale a decirle: sigue siéndome fiel y obtendrás aquello que necesitas del mundo físico.

Pero el camino hacia el reino verdadero no puede detenerse, si lo hace se estanca en un estado donde creerá que ya lo sabe todo y, por consiguiente, no buscará nada más. Este estado es el que actualmente muchos de los que se dicen maestros han conseguido alcanzar, pero no prosiguen su camino, creyendo que ya han llegado a la meta.

En este sentido, ofrecerán a los que les escuchen su propio reino, pero no podrán llevarlos más allá, a la verdadera Iniciación.

El servidor de nuestro cuento, sin embargo, decide proseguir su camino y desechar la tentación de estancarse, a pesar del ofrecimiento del rey de darle un cargo importante. No es esto lo que el servidor desea, sino conseguir llegar a ser él mismo el Rey, aunque de un reino verdadero, un reino espiritual. Por ello, le pide justo lo que necesita: un caballo y dinero para el viaje.

El criado declinó este honor y se limitó a pedir un caballo y dinero para el viaje, pues deseaba ver el mundo y pasarse un tiempo recorriéndole. Otorgada su petición, púsose en camino. y un buen día llegó junto a un estanque, donde observó tres peces que habían quedado aprisionados entre las cañas y pugnaban, jadeantes, por volver al agua. Digan lo que digan de que los peces son mudos, lo cierto es que el hombre entendió muy bien las quejas de aquellos animales, que se lamentaban de verse condenados a una muerte tan miserable. Siendo, como era, de corazón compasivo, se apeó y devolvió los tres peces al agua. Coleteando de alegría y asomando las cabezas, le dijeron: «Nos acordaremos de que nos salvaste la vida, y ocasión tendremos de pagártelo». Siguió el mozo cabalgando, y al cabo de un rato parecióle como si percibiera una voz procedente de la arena, a sus pies. Aguzando el oído, diose cuenta de que era un rey de las hormigas que se quejaba: «¡Si al menos esos hombres, con sus torpes animales, nos dejaran tranquilas! Este caballo estúpido, con sus pesados cascos, está aplastando sin compasión a mis gentes». El jinete torció hacia un camino que seguía al lado, y el rey de las hormigas le gritó: «¡Nos acordaremos y te lo pagaremos!». La ruta lo condujo a un bosque, y allí vio una pareja de cuervos que, al borde de su nido, arrojaban de él a sus hijos: «¡Fuera de aquí, truhanes!», les gritaban, «no podemos seguir hartándoos; ya tenéis edad para buscaros pitanza». Los pobres pequeñuelos estaban en el suelo, agitando sus débiles alitas y lloriqueando: «¡Infelices de nosotros, desvalidos, que hemos de buscarnos la comida y todavía no sabemos volar! ¿Qué vamos a hacer, sino morirnos de hambre?». Apeóse el mozo, mató al caballo de un sablazo y dejó su cuerpo para pasto de los pequeños cuervos, los cuales lanzáronse a saltos sobre la presa y, una vez hartos, dijeron a su bienhechor: «¡Nos acordaremos y te lo pagaremos!».

Todos estos animales que son asistidos por el criado representan a los que están por debajo de él en la escala evolutiva. También sus instintos inferiores. El simbolismo nos dice que el discípulo debe seguir su camino según la intuición y no según la lógica de este mundo. Debe ayudar a los que están por debajo de él en su camino de ascenso, incluso a los que están muy por debajo, entendiendo como tales a los animales inferiores, aunque a veces, en esta ayuda tengamos que realizar un sacrificio y quedarnos sin el medio de transporte, que nos hará el viaje más placentero. Aunque tengamos que proseguir nuestro viaje a pie, o sea, tardar algo más en llegar a nuestra meta, que es la Iniciación.

El criado hubo de proseguir su ruta a pie, y, al cabo de muchas horas, llegó a una gran ciudad. Las calles rebullían de gente, y se observaba una gran excitación; en esto apareció un pregonero montado a caballo, haciendo saber que la hija del Rey buscaba esposo. Quien se atreviese a pretenderla debía, empero, realizar una difícil hazaña: si la cumplía, recibiría la mano de la princesa; pero si fracasaba, perdería la vida. Eran muchos los que lo habían intentado ya; mas perecieron en la empresa. El joven vio a la princesa y quedó de tal modo deslumbrado por su hermosura, que, desafiando todo peligro, presentóse ante el Rey a pedir la mano de su hija.

La hija de este nuevo rey representa nuestra alma, nuestro Yo superior. Pero para recuperarla, es decir, para poder unirnos con ella, hemos de recorrer y pasar por unas pruebas, que son los diferentes pasos iniciáticos.

Lo condujeron mar adentro, y en su presencia arrojaron al fondo un anillo. El Rey le mandó que recuperase la joya, y añadió: «Si vuelves sin ella, serás precipitado al mar hasta que mueras ahogado». Todos los presentes se compadecían del apuesto mozo, a quien dejaron solo en la playa. El joven se quedó allí, pensando en la manera de salir de su apuro. De pronto vio tres peces que se le acercaban juntos, y que no eran sino aquellos que él había salvado. El que venía en medio llevaba en la boca una concha, que depositó en la playa, a los pies del joven. Éste la recogió para abrirla, y en su interior apareció el anillo de oro. Saltando de contento, corrió a llevarlo al rey, con la esperanza de que se le concediese la prometida recompensa. Pero la soberbia princesa, al saber que su pretendiente era de linaje inferior, lo rechazó, exigiéndole la realización de un nuevo trabajo. Salió al jardín, y esparció entre la hierba diez sacos llenos de mijo: «Mañana, antes de que salga el sol, debes haberlo recogido todo, sin que falte un grano». Sentóse el doncel en el jardín y se puso a cavilar sobre el modo de cumplir aquel mandato. Pero no se le ocurría nada, y se puso muy triste al pensar que a la mañana siguiente sería conducido al patíbulo. Pero cuando los primeros rayos del sol iluminaron el jardín. ¡Qué era aquello que veía! ¡Los diez estaban completamente llenos y bien alineados, sin que faltase un grano de mijo! Por la noche había acudido el rey de las hormigas con sus miles y miles de súbditos, y los agradecidos animalitos habían recogido el mijo con gran diligencia, y lo habían depositado en los sacos. Bajó la princesa en persona al jardín y pudo ver con asombro que el joven había salido con bien de la prueba.

Todas estas pruebas son sin duda trabas en el camino, que no están exentas del karma acumulado en vidas anteriores, o en esta misma vida. Dependiendo de nuestras deudas, así será el tener más o menos facilidades para realizarlas con éxito. Si el peregrino no lo consigue, morirá, es decir, volverá a lo que era antes, al mundo de los sentidos o físico, hasta que vuelva a tener otra oportunidad. Por eso es necesario recorrer un camino de purificación antes de la iniciación propiamente dicha. La princesa (nuestro Yo superior) no está contenta aún porque sigue pensando que es de rango inferior, o sea, que no está aun lo suficientemente evolucionado espiritualmente.

Pero su corazón orgulloso no estaba aplacado aún, y dijo: «Aunque haya realizado los dos trabajos, no será mi esposo hasta que me traiga una manzana del Árbol de la Vida».

La prueba final consiste en traer una manzana del Árbol de la Vida, lo cual, como veremos, sirve para unirse con el Yo Verdadero en un abrazo final. También para llegar a esto le ayuda todo el camino andado anteriormente y su comportamiento en la vida.

Árbol de la Vida. Jacob Böheme.

El pretendiente ignoraba dónde crecía aquel árbol. Púsose en camino, dispuesto a no detenerse mientras lo sostuviesen las piernas, aunque no abrigaba esperanza

alguna de encontrar lo que buscaba. Cuando hubo recorrido ya tres reinos, un atardecer llegó a un bosque y se tendió a dormir debajo de un árbol; de súbito, oyó un rumor entre las ramas, al tiempo que una manzana de oro le caía en la mano. Un instante después bajaron volando tres cuervos, que, posándose sobre sus rodillas, le dijeron: «Somos aquellos cuervos pequeños que salvaste de morir de hambre. Cuando, ya crecidos, supimos que andabas en busca de la manzana de oro, cruzamos el mar volando y llegamos hasta el confín del mundo, donde crece el Árbol de la Vida, para traerte la fruta». Loco de contento, reemprendió el mozo el camino de regreso para llevar la manzana de oro a la princesa, la cual no puso ya más dilaciones. Partiéronse la manzana de la vida y se la comieron juntos. Entonces encendióse en el corazón de la doncella un gran amor por su prometido, y vivieron felices hasta una edad muy avanzada.

El hombre, que hasta entonces pudo estar dudando entre decantarse por la personalidad material o la espiritual, ahora sabe perfectamente a quién tiene que unirse y quién es su verdadero Yo. Y juntos comen el fruto del Árbol de la Vida, lo cual les concede la inmortalidad (vivir hasta una edad muy avanzada) en amor y felicidad.

En otros cuentos, cuando comen del fruto del Árbol de la Vida, se produce una boda, que no es otra cosa que las bodas alquímicas de la filosofía rosacruz, o sea, la Iniciación, la adquisición de la Conciencia Crística.

Bastantes cuentos antiguos se escribieron con el fin de moralizar y que sirvieran de ejemplo para los lectores. Algunos de ellos pertenecen, por así decirlo, a esa colección que habla al alma de las etapas que debe recorrer hasta llegar al Reino de los Cielos o Reino Verdadero. Pero, en la actualidad, muchos de ellos han sido desvirtuados y se les ha quitado la esencia espiritual, la enseñanza por la cual habían sido concebidos.

Actualmente, en algunos círculos, de tendencia más bien materialista, incluso se les da la vuelta y se hacen versiones totalmente contrarias a la enseñanza que encierran los originales. Esto se hace porque se desconoce el lenguaje de los símbolos que en la antigüedad estaba tan presente en todas las obras literarias.

Vemos así que de las grandes obras clásicas como: *Caperucita Roja, La Bella Durmiente, Blancanieves, Las Aventuras de Pinocho...* se han hecho versiones que nada tienen que ver con la enseñanza que pretendían los autores de estos cuentos clásicos, incluso, en algunos casos, tenemos que asistir, con sonrojo, a versiones perversas que nos avergüenzan como seres humanos.

En los tiempos actuales hay también en auge, gracias a Dios, una tendencia a recuperar el verdadero significado de los cuentos de hadas clásicos y, además, muchas de las obras modernas para niños y adolescen-

Ilustración de Gustavo Doré.

tes encierran también un simbolismo que nada tiene que envidiar a las antiguas. Véase, por ejemplo la serie: *Las crónicas de Narnia* o los libros *El señor de los anillos* y *Harry Potter*, o también *El rey león*, para los más pequeños, entre otros.

Los símbolos pertenecen a un lenguaje universal que habla al interior del ser humano. Aquel que medita sobre ellos puede llegar a ver más allá de la imagen externa que muestran y percibir su verdadero significado. Por eso, para nuestra evolución espiritual, es conveniente que seamos conscientes y busquemos en las obras inspiradas y los textos sagrados y meditemos sobre su simbología, ya que nos daremos cuenta de que son verdaderas perlas de sabiduría, que nos ayudarán a *crecer* y *mejorar* en nuestra vida en todos los sentidos.

La interpretación dada en esta obra no pretende ser única y exclusiva, pues los símbolos, al ser un lenguaje universal, se pueden contemplar desde muchos puntos de vista. El análisis aportado en las páginas que anteceden es sólo el fruto de la meditación del propio autor y en ningún caso pretende sustituir ni reemplazar a cualquier otra interpretación que sea fruto de la investigación espiritual.

El lector debe utilizar siempre su intuición, única herramienta válida para poder descifrar los símbolos sagrados. Si esta obra le vale como punto de partida para seguir profundizando y le ayuda en su evolución espiritual, me daría por satisfecho.

Glosario

Alma

Cuando el hombre se divide en cuerpo y alma, el cuerpo corresponde a la parte material; y el alma, a la sustancia espiritual e inmortal, también se suele utilizar como sinónimo de espíritu.

Chispas Divinas

(Ver Espíritus Virginales)

Cuerpo Astral o de Deseos

El hombre no solo se compone de una parte física y otra etérica, sino que, además, tiene sentimientos y anhelos, que constituyen su cuerpo astral o de deseos. Podemos decir que el cuerpo físico nos proporciona la estructura material dentro de una forma. Esta forma, y la vida que se encarga de sus funciones corporales, son propiedades del cuerpo vital. Pero si no fuera por el cuerpo astral o de deseos, no tendría ningún movimiento, es decir permanecería en un estado vegetal semejante a las plantas. Para que se mueva se necesita el interés y el deseo por las cosas de su entorno. De esto se encarga el cuerpo astral o de deseos.

Cuerpo Etérico o Vital

Este cuerpo, compuesto de 4 éteres (químico, de vida, reflector y luminoso) es el que otorga vida al físico y le da forma, Además, se encarga de todas las funciones corporales como la asimilación de los alimentos, la excreción, la propagación, la percepción sensorial y la memoria.

Cuerpo Físico

Corresponde al cuerpo físico todo lo que podemos ver con nuestros ojos cuando alguien se pone a nuestro alcance, es decir lo que se compone de materia perteneciente al mundo que vemos y tocamos y que, una vez se produce la muerte, comienza a descomponerse para formar de nuevo parte de la composición terrestre inanimada.

Cuerpo mental

El cuerpo mental actúa de foco para el espíritu, es decir a través de este cuerpo el espíritu se manifiesta en los cuerpos inferiores (de deseos, vital y físico). Proporciona al hombre el raciocinio, las ideas y todo lo relacionado con la labor intelectual. También actúa de freno para los sentimientos y deseos negativos que no se adapten a la moral y el bien común y propio.

Espíritu

Es la parte eterna del hombre, la que va encarnando en diferentes cuerpos a lo largo de la involución y evolución. A través de su peregrinaje por la materia en las distintas vidas, adquiere experiencia que va acumulando en su ser. Se manifiesta en el cuerpo físico como un *yo* separado del resto desde que consiguió ser autoconsciente. La mayoría de las veces se utiliza como sinónimo de alma o Yo superior.

Espíritus Virginales

Se conoce como Espíritus Virginales o Chispas Divinas a los seres humanos que fueron diferenciados en Dios al principio de la manifestación de los distintos periodos cósmicos o grandes días de la Creación. Estos espíritus o chispas de una misma llama se expanden convirtiéndose primero en hombres y luego en Dioses. En un principio estos espíritus no disponían de la conciencia del *yo*, el poder anímico y la mente creadora, pues son atributos que van adquiriendo a lo largo de la evolución.

Iniciación

Conciencia de la verdadera esencia de las cosas y de nuestro ser a través de ejercicios espirituales guiados por un maestro espiritual, o mediante experiencias vividas en el camino de la vida.

Despertar espiritual a un nuevo estado de conciencia que contempla lo humano y lo Divino.

Unión del ser, transformado, con su parte divina y con el mundo espiritual.

Hijo del Hombre

Es uno de los nombres que Cristo utiliza para referirse a Sí mismo. Simbólicamente representa la conquista del hombre de la inmortalidad, es decir, su fruto, su hijo, aquello en lo que ha de convertirse cuando nazca de nuevo y tenga conciencia de lo que en realidad es.

Kali Yuga

Periodo de tiempo que aparece en las escrituras hinduistas, al que comúnmente se le conoce como una era oscura y de riña.

Según la filosofía hindú, nuestra evolución se divide en cuatro ciclos: Satya Yuga, Treta Yuga, Dwapara Yuga y Kali Yuga. El ciclo en el cual nos encontramos es el del Kali Yuga, el cual, según algunos círculos está llegando a su fin.

Karma

La palabra *karma* es de origen sánscrito y significa: obra, acción, acto.

Las creencias de la India, de forma general, se basan en la doctrina del *karma*, según la cual, toda acción genera consecuencias en esta vida y también después de la muerte. Consecuencias buenas para la acción buena y consecuencias malas para la acción mala, ya sea en el cielo, en el infierno o en una próxima reencarnación.

En Occidente, la palabra *karma* se traduce por Ley de Causa y Efecto o Ley de Consecuencia, que en muchas escuelas espirituales es asumida como una de las leyes cósmicas más importantes. Hermes Trismegisto expresa esta ley de la siguiente manera: «Toda causa tiene su efecto; todo efecto tiene su causa; todo sucede de acuerdo con la ley. La suerte no es más que el nombre que se le da a una ley no conocida. Hay muchos planos de causación, pero ninguno escapa a la ley».

Leyes Cósmicas

Con esta denominación nos referimos a las leyes universales conocidas y que nos impelen a realizar actos que estén de acuerdo al Bien universal, es decir, a hacer caso a la vocecita de nuestra conciencia o a nuestra intuición. También, a las 7 leyes herméticas reflejadas en el Kibalyon de Hermes Trismegisto.

Leyes Divinas o de Dios

Se utiliza a veces como sinónimo de Leyes Cósmicas. Son las leyes naturales que Dios ha puesto en el Universo cuando creó los diferentes mundos. En el campo de la moral se refieren a los mandamientos bíblicos, una serie de normas o consejos para que el ser humano recorra su camino evitando el sufrimiento que conllevaría violar dichas leyes. Por poner un ejemplo a nivel práctico, podríamos decir que si nosotros, como padres, sabemos que un enchufe da calambre y advertimos a nuestro hijo de las consecuencias de meter el dedo dentro y, aún así, él lo mete, inevitablemente tendrá que sufrir sus consecuencias y aprender de este modo que su actuación no fue correcta. Al caminar de acuerdo con Las Leyes Divinas, se consigue el equilibrio y se evita el tener que perder el tiempo y el sufrimiento que nos alcanzará de manera segura si lo que hacemos es violarlas. No son leyes caprichosas enviadas a los humanos con el fin de torturarlo, sino el camino más seguro para llegar a emprender el camino de vuelta al mundo divino, un camino que nos evita el sufrimiento y el dolor.

Ley del Amor

Dios es Amor y sus leyes deben perseguir este último fin. Una vez que el hombre ha integrado las Leyes Divinas y se comporta de acuerdo con ellas, descubre una ley superior, la Ley del Amor. Esta ley se descubre principalmente cuando el Cristo ha crecido en el interior del ser humano y este se da cuenta de que el Amor a su prójimo y a la Humanidad está por encima de cualquier ley, como nos enseña el mismo Cristo, cuando dijo lo siguiente: El primer mandamiento es «Amarás al Señor, tu Dios, con todo tu corazón, con toda tu alma, con toda tu mente y con todas tus fuerzas». El segundo es semejante a este: «Amarás a tu prójimo como a ti mismo» (Mc 12: 30, 31).

San Agustín también tiene otra frase revolucionaria: «Ama y haz lo que quieras». Esto significa que en el Amor a Dios y a los demás se resume toda la ley.

Este *haz lo que quieras* tiene su miga, ya que se refiere a que si uno ama, jamás podrá hacer ningún mal a nadie. Si amas a tus padres, no hablarás mal de ellos, no les harás enfadar…; si amas a tus amigos, no les mentirás ni le tendrás envidia…; Si amas a tu novia/o, a tu pareja, o a cualquier otro, les harás todo el bien posible. En resumen, cuando se ama a alguien no se podrá hacer contra él nada de lo que está fuera de la Ley Divina; por tanto, no es necesario ninguna ley externa, porque ya se ha integrado.

Mundo Astral o de Deseos

Este mundo está construido con fuerzas relacionadas con los deseos. Interpenetra al mundo físico y está dividido en 7 regiones. La materia de este mundo forma los cuerpos de deseos individual de cada ser humano.

Mundo del pensamiento

Compuesto de energía mental. En él se encuentran los arquetipos existentes en el mundo físico. La materia de este mundo forma los cuerpos mentales individuales de cada ser humano.

Mundo Etérico

Este mundo es una copia del mundo físico pero totalmente invisible al ojo humano. Se trata de un mundo energético que da forma y mantiene al físico. Para algunos, se trata de una parte del mundo físico compuesta de éter, aunque aún no reconocida por la ciencia. La materia de este mundo forma los cuerpos etéricos individuales de cada ser humano.

Mundo Físico

El mundo físico, también llamado mundo sensible, es aquel que podemos ver con nuestros ojos físicos y tocar con nuestras manos. Se trata del mundo que se puede analizar con instrumentos físicos y científicos y, para algunos, el único existente. Para la ciencia oculta, se trata del mundo más denso de los creados por Dios y, de cuya materia, están construidos nuestros cuerpos físicos. Además de él, existen otros mundos que lo interpenetran, como son el mundo etérico, el mundo de deseos y el mundo mental, que son invisibles. También el ser humano tiene un cuerpo constituido con la materia (si podemos llamarla así) de estos mundos.

Psique.

En esta obra hemos utilizado el término *psique* como sinónimo de la parte emocional y mental del ser humano. A diferencia de *alma*, que se utiliza como sinónimo de espíritu.

Ser humano

Desde un punto de vista biológico, se designa al ser humano como una especie animal vinculada al *homo sapiens* y cuya principal característica diferenciadora del resto de los animales es su capacidad de pensar y razonar.

Desde el punto de vista espiritual, se puede dividir en varias partes. La más elemental es la que lo divide en cuerpo y alma, donde el cuerpo corresponde a la parte material (o física) y pasajera; y el alma, a su parte divina y eterna.

Otra división que podemos hacer es la de cuerpo físico, cuerpo etérico, cuerpo astral o emocional, cuerpo mental y espíritu. En este caso, el cuerpo físico, cuerpo etérico, cuerpo astral y cuerpo mental corresponden a su parte material; y el espíritu a su parte espiritual. El espíritu es triple y, en el estado evolutivo actual, se manifiesta como un *yo* en el cuerpo físico a través del cuerpo mental. (Ver a este respecto, en este mismo Glosario, las definiciones para los diferentes cuerpos).

Yo Crístico o Divino

Nuestro Yo Superior revestido de Cristo, es decir, la conciencia de nuestra eternidad; o, dicho en otras palabras: la iniciación, nuestro encuentro y fusión con la verdadera esencia de nuestro ser.

Yo Superior

Es, propiamente, nuestra parte espiritual eterna y sabia, aquella que ha acumulado experiencia en sus vidas anteriores y la que nos dicta nuestro camino a seguir en las distintas encarnaciones a través del simbolismo o la intuición. El *Yo Superior* se diferencia del *yo inferior* en que aquel es la parte eterna y este es su parte pasajera. El Yo Superior se refleja en el hombre corriente en cada encarnación de una forma velada. No así en los iniciados, que tienen plena conciencia de él.

OTROS TÍTULOS PUBLICADOS POR ESTA EDITORIAL

LA CIENCIA DE LA SALUD. MEDICINA PSÍQUICA

Yogi Ramacharaka expone en este libro, con sencillez y claridad, los métodos de curación orientales que han pasado desapercibidos para el hombre de Occidente. El terapeuta oriental, sin embargo, ha nacido con ellos y sabe a ciencia cierta que nuestro cuerpo está regido por unas leyes naturales que presiden la función del organismo, las cuales debe observar para conservar la salud o recobrarla cuando se ha perdido.

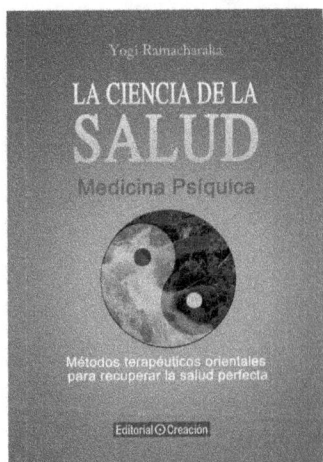

LA VIDA DESPUÉS DE LA MUERTE

El autor sostiene que «lo que llama mos muerte o destrucción, aun del más insignificante ser inanimado, no es más que un cambio de forma o condición de su energía y actividades (…). «No hay muerte. No hay más que vida, y esta vida es ETERNA».

EL LIBRO DE LAS MARAVILLAS DEL MUNDO LLAMADO SELVA DELEITOSA

Versión española, crítica e ilustrada, del único texto existente en castellano-aragonés que se custodia en un singular manuscrito del siglo XIV en la Biblioteca del Real Monasterio de San Lorenzo de El Escorial, cuyo autor es Juan de Mandeville, médico inglés.

Se trata de uno de los más importantes relatos de viajes jamás escritos, en donde realidad y fantasía, interpretación y ensueño corren parejos y animan y suspenden el alma del viajero y del lector de antaño y de hogaño

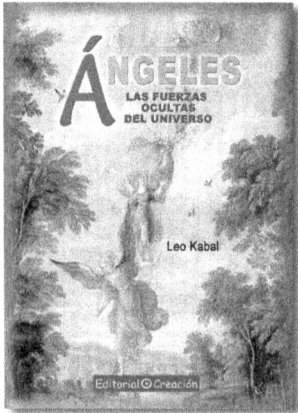

ÁNGELES, LAS FUERZAS OCULTAS DEL UNIVERSO

Un estudio completo sobre la importancia de los ángeles en el Universo y en nuestra vida cotidiana.

ÁNGELES PROTECTORES

Descubre a tu ángel guardián y benefíciate de sus virtudes.
Un libro para alcanzar el amor, la salud y la prosperidad a través de los ángeles.

LOS MEJORES CUENTOS MEDIEVALES ANGLO-LATINOS

Selección de los mejores cuentos que ya circulaban por Europa antes, mucho antes, del Descubrimiento de América.

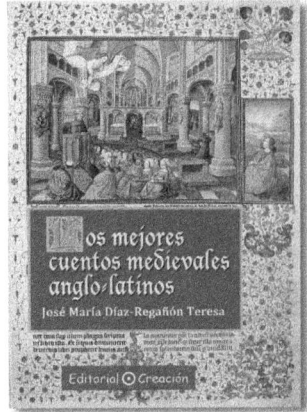

GUÍA PARA INTERPRETAR LOS SUEÑOS

Diccionario de la "A" a la "Z"
Esta guía, escrita con un estilo claro y sencillo, ha sido pensada para que cualquiera, con una simple ojeada, pueda descifrar el mensaje que ha recibido en sueños.

EL SIGNIFICADO DE LOS NOMBRES
Su origen y análisis numerológico

Obra que recoge el origen y significado de los nombres, analizándolos mediante la Numerología y la Simbología e invitándonos a que cada uno hagamos nuestro propio análisis.
Un libro sumamente importante, no solo para consultar nuestro nombre y el de nuestros seres queridos y aprender a analizarlos, sino también para elegir el nombre de nuestro futuro bebé.